金石文獻叢刊

古誌石華

一

【清】黄本驥 撰

上海古籍出版社

圖書在版編目（CIP）數據

古誌石華 /（清）黄本驥撰 . — 上海：上海古籍出版社，2020.5
（金石文獻叢刊）
ISBN 978-7-5325-9528-0

Ⅰ . ①古… Ⅱ . ①黄… Ⅲ . ①墓志—匯編—中國—古代 Ⅳ . ① K877.45

中國版本圖書館 CIP 數據核字（2020）第 054093 號

金石文獻叢刊

古誌石華

（全二册）

［清］黄本驥　撰

上海古籍出版社出版發行

（上海瑞金二路 272 號　郵政編碼 200020）

（1）網址：www.guji.com.cn

（2）E-mail：guji1@guji.com.cn

（3）易文網網址：www.ewen.co

浙江新華數碼印務有限公司印刷

開本 890×1240　1/32　印張 33.125　插頁 10

2020 年 5 月第 1 版　2020 年 5 月第 1 次印刷

ISBN 978-7-5325-9528-0

K・2801　定價：168.00 元

出版説明

金文石刻作爲一種特殊的文獻形式，負載着中國古代文明的大量信息，是珍貴的文化遺産，其相關研究具有重要文化價值與傳承意義。金石專門研究興起於宋，而在清代達到鼎盛，名家迭出，先後撰寫了一批高水平的研究專著，其成果對於今天我們的歷史學、文學、文字學、考古學、古文獻學、古器物鑒定學、書法篆刻學等研究具有重要的參考價值。有鑒於此，本社特推出《金石文獻叢刊》，彙聚兩宋以降金石學重要著作，以期助益於相關研究。

本書爲《金石文獻叢刊》之一，收録清黄本驥撰《古誌石華》三十卷，以道光二十七年黄氏三長物齋刊本爲底本影印。

上海古籍出版社　二〇二〇年四月

石刻文獻歷代研究述要（代序）

陳尚君

「人生忽如寄，壽無金石固。」古人感到生命短暫，常將重要的事件、著作和死者的生平銘諸金石，形成豐富的金石文獻。一般來説，金銀器上的銘文均較簡短，銅器銘文盛於商周時期，漢以後可資研究的僅有銅鏡銘文等。石刻文獻則興於漢，盛於唐，歷宋、元、明、清而不衰，存世文獻爲數極巨，爲研究古代歷史文化提供了大量記載，也爲研究古典文學者所寶重。

一、古代石刻的分類

古代石刻品類衆多，舉其大端，可分以下幾類：

一、墓志銘。多爲正方形石刻，置於死者墓穴中，記載死者生平事蹟。始於漢，盛於北朝和隋唐時期，宋以後仍相沿成習。南朝禁止埋銘，故甚罕見。近代以來，出土尤多。因深埋地下，所存文字多清晰而完整。

二、墓碑。也稱神道碑，是置於墓道前記載死者生平事蹟的長方形巨大石碑。舊時王公大臣方得立碑記德，故所載多爲歷史上有影響的人物。因其突立於地表，歷經日曬雨淋，人爲破壞，石刻多斷裂殘壞，磨蝕漫漶，不易卒讀。

三、刻經。可分儒、釋兩大類。儒家經典的刊刻多由官方主持，爲士人提供準確可信的經典文本。歷史上有七次大規模的刻經，即東漢熹平間、曹魏正始間、唐開成間、後蜀廣政間、北宋嘉祐間、南宋紹興間、清乾隆間。今僅開成、乾隆石經保存完整，其餘僅存殘石。佛教刻經又可分爲兩類：一類是僧人恐遭逢法難，經籍失傳，因而刻石收存，以備不虞。最著名的是房山石經，始於隋，歷唐、遼、金、元而不衰，現存有一萬五千多石。二是刻經以求福祐，如唐代經幢刻《尊勝陀羅尼經》，爲一時風氣。

四、造像記。佛教最多，道教稍少。受佛教净土宗佛陀信仰的影響，信佛的士庶僧人多喜造佛像以積功德，大者連山開龕，小者可握於掌間。造像記記載造像緣由，一般均較簡短，僅記時間、像主姓名及所求之福祐庇蔭，文辭多較程式，可藉以瞭解風俗世情，有文學價值的很少。

五、題名。即是古人「到此一游」的記録。多存於山川名勝，多出於名臣、文士之手，雖較簡短，於考事究文，彌足珍貴。如長安慈恩寺題名：「韓愈退之、李翺翔之、孟郊東野、柳宗元子厚、石洪濬川同。」鍾山題名：「乾道乙酉七月四日，笠澤陸務觀，冒大雨，獨游定林。」均至簡，前者可考知韓、柳交游之始，知李翺另一表字，後者可見詩人陸游之風神。

六、詩詞。唐以前僅一二見，以雲峰山鄭道昭詩刻最著名。唐代始盛，宋以後尤多。詩詞刻石以摩崖和詩碑兩種形式爲多見。許多重要作家都有石刻詩詞留存。

七、雜刻。指上述六類以外的各種石刻。凡建橋立廟、興學建祠、勸善頌德、序事記游等，皆可立石以記，所涉範圍至廣。

此外，還有石刻叢帖，爲彙聚名家法書上石，供人觀賞臨習，其文獻價值與上述各種石刻有所不同，兹不贅述。

二、從石刻到拓本、帖本

石刻爲古人當時所刻，所記爲當時事，史料價值很高；所録文章亦得存原貌，不似刊本之迭經傳刻，多魚魯亥豕之誤，故前代學者考史論文，尤重石刻。然而石刻或依山摩崖，遠處荒山僻野，或形制巨大，散在各地，即便最優秀的金石學家，也不可能全部親見原石。學者援據，主要是石刻拓本。

拓本是由拓工將宣紙受濕後，蒙於碑刻之上，加以捶椎，使宣紙呈凹凸狀，再蘸墨拓成。同一石刻之拓本，因傳拓時間之早晚及拓技之精粗，常有很大不同。一般來説，早期拓本因石刻保存完好，文字存留較多，晚近所拓，則因石刻剥蝕，存字較少。如昭陵諸碑，今存碑石存字已無多，遠不及《金石萃編》之録文，而羅振玉《昭陵碑録》據早期精拓録文，録文得增多於《金石萃編》。即使同一時期所拓，也常因拓工之拓技與態度而有所不同。如永州浯溪所存唐李諒《湘中紀行》詩，王昶據書賈售拓録入《金石萃編》，有十餘處缺文訛誤；稍後瞿中溶親至浯溪，督工精拓，乃精好無損（詳《古泉山館金石文編》卷三）。至於帖賈爲牟利而或草率摩拓，或僅拓一部分，甚或竄改文字，以唐宋冒魏晉，則更等而下之了。

拓本均存碑石原狀，大者可長丈餘，寬數尺，鋪展盈屋，不便研習。舊時藏家爲便臨習，將拓本逐行剪開，重加裱帖，裝成册頁，成爲帖本。帖本經剪接重拼，便於閱讀臨摹，已不存原碑形貌。在拼帖時，遇原拓空缺或殘損處，常剪去不取，以致帖本文字常不可卒讀。原石、原拓失傳，僅靠拓本保存至今的石刻文獻，不是太多，較著名的有唐代崔鉉撰文而由柳公權書寫的《神策軍碑》。唐初著名的《信行禪師碑》，因剪棄較多，通篇難以卒讀。

現存最早的石刻拓本，大約是見於敦煌遺書中的唐太宗《温泉銘》和歐陽詢《化度寺碑》。宋以後各種善拓、精拓本，因流布不廣，傳本又少，藏家視同拱璧，書賈索價高昂。近現代影印技術普及，使碑帖得以大批刊布，許多稀見的拓本，得以大批縮印彙編出版,給學者極大方便。影響較大者有《漢魏南北朝墓志集釋》(趙萬里編,科學出版社一九五三年版)、《千唐志齋藏志》(張鈁藏,文物出版社一九八五年版)、《曲石精廬藏唐墓志》(李希泌藏,齊魯書社一九八七年版)、《北京圖書館藏歷代石刻拓本彙編》(中州古籍出版社一九八八年版)、《隋唐五代墓志彙編》(天津古籍書店一九九一年版)。重要的石刻拓本,在上述諸書中均能找到。

三、宋代的石刻研究及重要著作

南北朝至唐代,已有學者注意記載碑刻,據以訂史證文,但有系統地加以搜集研究,使之成爲專學,則始於宋代。首倡者爲北宋文學宗匠歐陽修。

歐陽修自宋仁宗慶曆五年(一〇四五)開始裒聚金石拓本,歷十八年,「集録三代以來遺文一千卷」(《六一居士傳》),編爲《集古録》,其中秦漢至唐五代的石刻約占全書的十之九五。參政之暇,歐陽修爲其中三百八十多篇碑銘寫了跋尾,對石刻文獻的史料價值作了全面的闡釋。其大端爲:一、可見政事之修廢;二、可訂史書之闕失;三、可觀書體之妍醜;四、可見文風之轉變;五、可訂詩文傳本之訛誤;六、可據以輯録遺文。這些見解,可説爲後代金石學的研究奠定了基礎。録一則如下:

右《德州長壽寺舍利碑》，不著書撰人名氏。碑，武德中建，而所述乃隋事也。其事蹟文辭皆無取，獨録其書爾。余屢歎文章至陳、隋不勝其弊，而怪唐家能臻致治之盛，而不能遽革文弊，以謂積習成俗，難於驟變。及讀斯碑有云：「浮雲共嶺松張蓋，明月與巖桂分叢。」乃知王勃云：「落霞與孤鶩齊飛，秋水共長天一色。」當時士無賢愚，以爲警絶，豈非其餘習乎！

《集古録》原書已不傳。歐陽修的題跋編爲《集古録跋尾》十卷，收入其文集，單行本或題《六一題跋》。其子歐陽棐有《集古録目》，爲逐卷撰寫提要，原書久佚，今存清人黄本驥和繆荃蓀的兩種輯本。

北宋末趙明誠輯《金石録》三十卷，沿歐陽修之舊規而有出藍之色。明誠出身顯宦，又得賢妻之助，窮二十年之力，所得達二千卷之富，倍於歐陽修所藏。其書前十卷爲目録，逐篇著録二千卷金石拓本之篇題、撰書者姓名及年月，其中唐以前五百餘品，其餘均爲唐代石刻。後二十卷爲明誠所撰題跋，凡五百零二篇。趙跋不同於歐陽修之好發議論，更注重於考訂史實，糾正前賢和典籍中的誤説，録存重要史料，考訂也更爲細密周詳。

南宋治石刻學者甚衆，如《京兆金石録》《復齋碑録》《天下碑録》《諸道石刻録》

等，頗具規模，惜均不存。存世者以下列諸書最爲重要。

洪适《隸釋》二十七卷、《隸續》二十一卷，前者録漢魏碑碣一百八十九種，後者已殘，尚存録一百二十餘品。二書均全録碑碣文字，加以考釋，保存了大量漢代文獻，許多碑文僅賴此二書以存。

陳思《寶刻叢編》二十卷，傳本缺三卷。此書彙録兩宋十餘家石刻專書，分地域著録石刻，附存題跋，保存史料十分豐富。

佚名《寶刻類編》八卷，清人輯自《永樂大典》。此書以時代爲序，以書篆者立目，記録石刻篇名、作者、年代及所在地，間存他書不見之石刻。

另鄭樵《通志》中有《金石略》一卷，王象之《輿地紀勝》於每一州府下均有《碑記》一門，也有大量珍貴的記録。後者明人曾輯出單行，題作《輿地碑記目》。

宋人去唐未遠，搜羅又勤，所得漢唐石刻見於上述各書記載的約有四五千品。歐、趙諸人已有聚之難而散之易之感歎，趙明誠當南奔之際仍盡攜而行，但除漢碑文字因洪适輯録而得保存較多外，唐人石刻存留到後世的僅約十之二三，十之七八已失傳。如幸賴上述諸書的記載，使今人能略知其一二，其中有裨文學研究的記載至爲豐富。如唐末詞人温庭筠的卒年，史書不載。《寶刻類編》載有：「《唐國子助教温庭筠墓》，弟庭皓撰，咸通七年。」因可據以論定。再如盛唐文學家李邕，當時極負文名，《全唐文》録其文僅五十餘篇。據上述宋人記載，可考知其所撰文三十餘篇之篇名及梗概，對研究其一生的文學活動十分重要。

四、清代的石刻研究及重要著作

元、明兩代是石刻研究的中衰時期，可稱者僅有三五種：陶宗儀輯《古刻叢鈔》僅録所見，篇幅不大；都穆《金薤琳琅》，録存漢唐石刻五十多種；趙崡《石墨鐫華》存二百五十多種石刻題跋，「多歐、趙所未收者」（《四庫提要》）。

清代經史之學發達，石刻研究也盛極一時。清初重要的著作有顧炎武《金石文字記》、葉奕苞《金石録補》、朱彝尊《金石文字跋尾》。三書雖仍沿歐、趙舊規，但所録多前人未經見者，考訂亦時有創獲。至乾隆間，因樸學之興，學者日益重視石刻文獻，史學大家如錢大昕、阮元、畢沅等均有石刻研究專著。全録石刻文字的專著也日見刊布，自乾隆後期至嘉慶初的十多年間，即有翁方綱《兩漢金石記》《粵東金石略》、吴玉搢《金石存》、趙紹祖《金石文鈔》《續鈔》等十餘種專著行世。在這種風氣下，王昶於嘉慶十年（一八〇五）編成堪稱清代金石學集大成的著作《金石萃編》一百六十卷。

王昶自稱有感於洪适、都穆、吴玉搢三書存文太少，「愛博者頗以爲憾」，自弱冠之年起，「前後垂五十年」，始得成編。其書兼載金、石，但録自器銘者僅當全書百之二三，其餘均爲石刻。所録始於周宣王時的《石鼓文》，迄於金代，凡一千五百多種。其中漢代十八卷，魏晉南北朝十五卷，隋代三卷，唐五代八十二卷，宋代三十卷，遼金七卷。各種石刻無論完殘，均照録原文，務求忠實準確。遇有篆、隸字體，或照録原字形。原石殘缺之處，或以方框標識，或備記所缺字數，遇殘字也予保存。又備載「碑制之長短寬博」和「行字之數」，「使讀者一展卷而宛見古物焉」（引文均見《金石萃編序》）。同時，王昶又廣搜宋代以來學者的著録題跋，附載於各石刻録文之次，其本人也逐篇撰寫考按，附於篇末。《金石萃編》搜羅廣博，録文忠實，附存文獻豐富，代表了乾嘉時期石刻研究的最高水平。

王昶以個人力量廣搜石刻，難免有所遺漏，其録文多據得見之拓本，未必盡善。其書刊布後，大受學界歡迎，爲其續補訂正之著，也陸續行世，較重要的有陸耀遹《金石續編》二十一卷、王言《金石萃編補遺》二卷等。至光緒初年，陸增祥撰成《八瓊室金石補正》一百三十卷，規模與學術質量均堪與王書齊駕。陸書體例多沿王書，凡王書已録之石刻，不復重録。王書録文不全或有誤者，陸氏援據善拓，加以補訂，一般僅録補文。這部分份量較大，因陸氏多見善拓，録文精審，對王書的糾訂多可信從。此外，陸書補録王書未收的石刻也多達二千餘通。

清代學者肆力於地方石刻的搜録整理，也有可觀的成績。録一省石刻而爲世所稱者，有阮元《山左金石志》二十四卷（山東）、《兩浙金石志》十八卷（浙江）、謝啓崑《粤西金石略》十五卷（廣西）、胡聘之《山右石刻叢編》四十卷（山西）、劉喜海《金石苑》六卷（四川）等。録一州一縣石刻而重要者有武億《安陽縣金石録》十二卷、沈濤《常山貞石志》二十四卷、陸心源《吴興金石記》十六卷等。

五、近現代的石刻文獻要籍

近代以來，因學術風氣的轉變，漢唐石刻研究不及清代之盛。由於各地大規模的基建工程和現代科學田野考古的實施，地下出土石刻的總數已大大超越清代以前八百年間發現的石刻數量。大批石刻得以彙集出版，給學者以方便。

端方《匋齋藏石記》四十四卷，是清季最有份量的專著。端方其人雖多有争議，但該書收羅宏富，題跋又多出李詳、繆荃蓀等名家之手，頗多精見。另一位大節可議的學者羅振玉，於古代文獻的搜集刊布尤多建樹。其石刻方面的專著多達二十餘種，《昭陵碑録》和《冢墓遺文》（包括《芒洛》《廣陵》《東都》《山左》《襄陽》等十多種）以録文精確、收羅宏富而爲世所稱。

二十世紀三十年代，由於隴海路的施工，洛陽北邙一帶出土魏、唐墓志尤衆。其大宗石刻分別爲于右任鴛鴦七志齋、張鈁千唐志齋和李根源曲石精廬收存。于氏所收以北魏志石爲主，今存西安碑林，張、李以唐代爲主。其中張氏所得達一千二百多方，原石存其故里河南新安鐵門鎮，民國間曾以拓本售於各高校及研究機構，近年已影印行世。其中對唐代文學研究有關係者頗衆。曲石所得僅九十多方，但多精品，王之渙墓志最爲著名，今存南京博物院。

民國間由於各省組織學者編纂省志，也連帶完成了一批石刻專著。其中曾單獨刊行而流通較廣者，有《江蘇金石志》二十四卷、《陝西金石志》三十二卷、《安徽通志金石古物考稿》十六卷，頗多可觀。

二十世纪五十年代，趙萬里輯《漢魏南北朝墓志集釋》，收漢至隋代墓志六百五十九方，均據善拓影印，又附歷代學者對這些墓志的考釋文字，編纂方法上較前人所著有很大進步，是研究唐前歷史、文學的重要參考書。

二十世紀最後二十年間，學術研究空前繁榮，前述自宋以降的許多著作都曾影印或整理出版。今人纂輯的著作，以下列幾種最爲重要。

《北京圖書館藏歷代石刻拓本彙編》，收録了北圖五十年代以前入藏的所有石刻拓本，全部影印，甚便讀者。不足處是一些大碑拓本縮印後，文字多不易辨識。

陳垣《道家金石略》，收録漢至元代與道教有關的石刻文字，於宋元道教研究尤爲有用。

周紹良主編《唐代墓志彙編》及《續集》，收録一九九九年以前出土或發表的唐代墓志逾五千方，其中四分之三爲《全唐文》等書所失收，可視作唐文的補編。

趙超編《漢魏南北朝墓志彙編》，據前述趙萬里書録文，但不收隋志，補收了一九八六年以前的大量新出石刻。

《隋唐五代墓志彙編》，據出土地區影印墓志拓本約五千方，以洛陽爲最多，約占全書之半，陝西、河南、山西、北京等地次之。其中包括了大批近四十年間新出土的墓志，不見於上述各書者逾一千五百方。

進入新世紀，石刻文獻研究成爲中古文史研究之顯學，更多學者關注石刻之當時書寫與私人書寫之特殊價值，成爲敦煌文獻研究以後有一學術熱點。同時，新見文獻尤以墓志爲大宗，每年的刊布數也以幾百至上千方的數量增長。其中最重要的，一是《新中國出土墓志》，已出版十多輯，爲會聚各地文物部門所藏者爲主；二是《大唐西市博物館藏唐墓志》，所收皆館藏，整理則延請史學界學者；三是《长安高陽原新出土隋唐墓志》，將考古報告與新見墓志結合，最見嚴謹。其他搜輯石刻或拓本的尚有十多家，所得豐富則可提到趙君平的《秦晉豫新發現墓志搜逸》三編，毛陽光的《洛陽新見流散墓志彙編》，以及齊運通洛陽九朝石刻博物館編的幾種專書。還應説到的是，日本學者氣賀澤保規編《唐代墓志所在總合目録》，不到二十年已經出版四版，爲唐代墓志利用提供極大的方便。陝西社科院古籍所編《全唐文補遺》十册，所據主要是石刻，校點尚屬認真。

上海古籍出版社編刊《金石文獻叢刊》，主要收録宋、清兩代有關金石學的基本著作，本文前所介紹諸書，大多得以收録。如王昶《金石萃編》，將清後期的幾種補訂專書彙集在一起，陸增祥《八瓊石金石補正》之正續編合爲一帙，也便於讀者全面瞭解這位傑出金石學家的整體成就。書將付刊，胡文波君囑序於我，是不能辭。然時疫方熾，出行不便，未能通讀全編，率爾操觚，總難塞責。乃思此編爲彙聚宋、清兩代金石學之菁華，爲滿足當代以中古文史學者爲主之石刻文獻研究之急需，或可將二十四年前爲當時還是江蘇古籍出版社的《古典文學知識》所撰小文《石刻文獻述要》稍作潤飾增補，用爲代序，敬請方家諒宥。

目録

古誌石華卷二十一……六六五

古誌石華卷二十二……六九九

古誌石華卷二十三……七三一

古誌石華卷二十四……七六五

唐二十

古誌石華卷二十五……七九九

唐二十一

後梁

後唐

道光二十七年開雕

古誌石華

三長物齋藏板

敘

墓之有誌未審所起劉彥和與梁昭明同時雕龍所載飾終之作曰誄曰碑勒於石者惟碑而已昭明選文則以墓誌撰目是其時已有墓誌而彥和遺之何也李善注選引王儉語曰石誌不出典禮元嘉間顏延之爲王琳作石誌是謂墓誌始於劉宋時矣而謝惠連亦元嘉間人其祭古冢文云銘誌堙滅則劉宋以前已有銘誌不始於顏作矣汝帖載比干墓銅槃銘頗似銘墓之辭然以爲三代故物則未敢信述異記有闔閭墓中石銘亦未足爲誌墓之據惟博物志載西都時南宮寢殿內

有醇儒王史威長葬銘詞意簡質確是漢文又西京雜記載前漢杜子春臨終作文刻石埋於墓前東漢崔子玉嘗爲張衡書墓誌金石錄載有漢永建元年窆室銘隸釋載武陽石穴間有漢建初二年刻字洪氏以爲埋銘之椎輪三國吳志孫權使張承爲淩統作銘詠水經注臨沅縣有晉龔元之墓銘續博物志有晉王戎及荀晞子婦墓銘夢溪筆談有齊謝朓海陵王墓銘昭明文選有梁任昉劉瓛妻王氏墓誌皆誌銘之最古者然則墓誌實濫觴於兩漢浸淫於六朝而波靡於唐宋不自劉宋始也漢魏遠矣石刻斷泐文集無徵晉代禁用碑

誌故所傳亦尠南北二朝始見於集唐宋以來則無集不登矣其誌石之在土者亦日出而不窮凡所稱述不無謏詞然其事實往往與國史相參史之所有可拾其遺史之所無可補其闕故誌墓之文爲讀史者所不廢爲人子孫必以是作屬之能文之士善書之筆冀其文人集中可備史家採擇即其集失傳千百年後陵谷變遷誌石出土倘可託文字之工爲後人所寶而其姓名得以復顯故陽有碑碣幽有誌銘即杜征南峴首沉碑之意亦仁人孝子無窮之思也然石有時而泐文字之工者不必皆傳其傳者不必皆工工且傳矣或爲士人

所毀則有甃爲牆基琢爲柱礎者矣否則爲好事者移徙而去以至顯而復湮是蓋有幸有不幸焉余於金石文字收藏頗富偶檢誌石拓本自晉至元得百餘紙其中已有石毀而此紙僅存者恐其散佚益以友朋所藏及金石家著錄之確而可徵者彙錄成帙分爲三十卷取劉彥和石墨鐫華之義題曰古誌石華所以別於文集選本也古墓爲田誌石出土好古君子倘能踵而錄之以傳其人其功德當與瘞骴相等道光八年歲次戊子重九日寧鄉黃本驥虎癡自敘

例言

趙明誠金石錄所收墓誌凡一百七篇其書例不錄文故所載各誌惟隋姚辯一誌見歐書摹本唐李無慮馬紓二誌陶宗儀採入古刻叢抄杜濟一誌宋敏求採入顏魯公集餘皆有錄無文余編是錄蓋有懲於既往因不惜腕力備錄原文使滄桑雖變而陳人事蹟猶得附文以傳亦闡幽之盛事也

是編所采各誌得於家藏搨本者三之二得於友朋所藏及金石家書錄者三之一其石未出土見於文集選本者文雖工不錄題曰石華與選文之例別

各誌標題詳畧互異編書體例與誌異宜今暨不用原題直書姓名以便尋檢晉劉韜宋劉襲之類有姓字存而名缺者書其姓字隋元智唐張希古之類名缺而他志可互證者仍據他志書其名北魏司馬景和妻孟氏據景和自誌君諱昞書司馬昞妻孟氏宋鹿伯可據其子昌運誌父何書鹿何之類名缺而可意揣者據所揣書其名唐盧鍇崔瑾宋李僑之類名字俱缺者姓下繫以某字唐杜某之類字存而姓名俱缺者書其字唐令賓公都之類姓名字俱缺者書曰某君五代某君之類婦統於夫冠以夫之姓名司馬昞妻孟氏唐段儼妻文安縣主之類女統於父冠以父之姓名宋張濟女推兒唐太宗女汝南公主唐昭女端宋盧鄭女姚婆之類夫婦合誌書其夫妻隋犨賓暨陳氏唐

李文贊妻劉氏原係合誌止書肇賓李文之類婦人專誌冠以夫之姓名字名缺者書其字元智妻姬氏之類名字俱缺者以某字代唐裴某妻賀蘭氏折某妻曹氏之類姓名字俱缺者專書婦氏唐袁氏杜氏周氏誌稱夫人詳其文義非夫敵體者加妾字唐王察妾范氏楊籌妾王氏之類誌爲保母而作者冠以所保之子姓名晉王獻之保母李氏宋蘇軾乳母任氏之類

僧尼居士塔誌唐僧法藏尼法澄二塔誌王居士磚塔銘之類亦墓誌類也

唐世佞佛存者甚夥以其無關儒生攷据今概不錄

惟以墓誌銘標題者錄之僧思恒尼法願墓誌之類從其類也

北魏諸誌字多別體沿及隋唐尚仍其習是編點畫

悉照原本有正有俗有通有借有省有譌正於各誌之後

字有原缺者以■代有石泐而字數可計格知者以口代不可知者旁注缺字

唐代最重國諱高祖之祖諱虎其父諱昞誌中省虎作虎或作虒虎或以武字代（龐德威誌拉虎作拉武吳達誌白虎作白武）有省號字作号号者號號字左傍有作虎虎虎虎馬者丙字避昞嫌名以景字代（丙子作景子之類）又避睿宗旦字改作景高祖諱省作渊淵或以泉水字代（尼法顯誌冰淵作冰泉鄭恒誌淵藪作泉藪文安縣主誌澶淵作澶水）太宗諱世省作世又

作廿或以代字葉字代當世世作當代七世作七葉之類又省棄作弃換泄紲作洩絏改葉作桊凡從枼之字如諜媟牒渫緤蝶右旁皆改作枽民省作𡰣或作民有以人字代者氓以甿代泯岷珉昬等字改作汦岻玭昏高宗諱以理代治有省作治者睿宗諱旦改作旦又改但量晝亶暨作但量晝亶暨元宗諱基省作基肅宗諱亨省作亨代宗諱豫省作豫有改作豫者或以裕預字代霍氏誌遷豫作違裕憲宗諱純省作純或作紃穆宗諱恒省作恒或以常字代皆分見各誌概照原文間有不避者文安縣主令狐氏張安生等誌不避世字之類亦仍其舊

國朝廟諱以元允等字代御名缺筆有文義可通如應以允字代者竟以嗣裔等字換之其不可通者仍以允字代孔子名加阝作邱以昭敬謹改竄之嫌所不敢避

各誌後附錄案語有前人已經論及者擇其精審語錄之不復注明某家書目以撮綴成文不能專主一說也惟據管見指撥處則先主其人之說而後加以辨正

墓誌之誌本與志通金石書目錄有作墓志者然石

刻標題用墓誌銘三字例皆加言是編概從石作誌以昭畫一惟所引府縣志金石志仍以去言示別

是書刻於道光己丑今復續採各誌按年編入共得二百八十二種分爲三十卷丙午長至日補識

古誌石華目錄

寧鄉黃本驥仲良編
湘陰蔣　環維揚校

卷一

漢

晉

宋

齊

海陵王昭文

梁

永陽敬太妃王氏普通元年十一月

卷二

北魏

僧惠猛原缺年月今定爲景明時　司馬紹永平四年十月　司馬昞妻孟氏延昌三年正月　刁遵熙平二年十月　崔敬邕二年十一月　高植神龜缺年今定爲三年　司馬昞正光元年十二月　鄭道忠三年十二月　陸希道無年月今定爲四年　李超六年正月　張元普泰元年十月

卷三

東魏

司馬昇 天平二年十一月　高湛 元象二年十月

北齊

崔頠 天保四年二月　朱岱林 武平二年二月

北周

王通 天和二年十月

卷四

隋

王某妻張氏 開皇四年十月　張景略 十一年正月　韋賓 十五年十月

尼脩梵十五年十月　蜀王美人董氏十七年十月　陳詡二十年十二月　姚辯大業七年十月元智　元智妻姬氏二誌皆十一年八月

卷五

唐一

太宗女汝南公主貞觀十年十一月　段儼妻文安縣主二十二年三月　漢司馬遷妾隨氏永徽二年九月　顧升妻莊氏顯慶二年八月　豆盧遜四年八月　令賓六年正月　張興龍朔元年十月

卷六

唐二

李汪龍朔元年十一月　尼法願三年十月　李文麟德元年二月　梁某妻

戚氏元年十二月　張對乾封三年正月　司馬興咸亨元年四月　韓寶才四年十一月　杜某儀鳳二年五月　許洛仁妻宋氏　曹因以上二誌無年號附
高宗時

卷七
唐三
田宏敏無年月今定爲嗣聖元年　王元宗垂拱二年　龎德威三年十一月　陳護四年正月　梁寺四年十一月　雷某誌泐蓋全永昌元年　程元景長壽三年正月　梁師亮萬歲通天二年三月　杳冥君神功元年十月

卷八
唐四

臺聖曆三年正月　薛剛久視元年五月　馮慶元年十月　王美暢妻長孫氏長安二年　尙眞三年八月　楊某妻杜氏二年十月　顏瑶景龍二年二月　梁嘉運三年十月　蕭思亮景雲二年二月　陸元感二年三月　郭思訓二年十二月　馮貞祐妻孟氏開元三年四月

卷九

唐五

胡佺開元三年十月　裴某妻賀蘭氏四年十二月　馬懷素六年十月
郭思謨九年十一月　崔湘十年三月　茹守福十一年八月　突厥降王女賢力毗伽公主十一年十月

卷十

唐六

折某妻曹氏 開元十一年十一月 高福 十二年正月 唐昭女端 十二年六月 王無競 十二年十月 薛某妻裴氏 二十四年二月 陳憲 十四年十一月 僧思恒 十四年十二月 于士恭 十五年七月 鄭溫球 十五年七月 李無慮 十七年六月 智元 二十年十一月

卷十一

唐七

張昕 開元二十四年十月 尼惠源 二十五年十一月 裴稹 二十九年二月 張嘉祐 天寶元年二月 某氏 三載春 王祭妻范氏 三載四月 趙思廉 四載十月 李璹 四載十二月

卷十二

唐八

衛某妻劉氏天寶六載七月成某六載十月王靜信妻周氏六載十月潘智昭七載四月王某九載三月劉感十二載十月張元忠妻令狐氏十二載十二月韋某誌泐蓋全十二載孫志廉十三載六月劉元尚十三載十一月張安生十四載二月

卷十三

唐九

張希古天寶十五載四月僧思道乾元元年十二月新平郡王儼永泰元年五月王訓大歷二年八月僧義琬三年八月元鏡遠妻鄭氏

四年十一月尼如願十年七月盧濤十一年十一月杜濟十二年十一月涇
王妃韋氏建中二年二月李某妻賈氏三年三月

卷十四

唐十

彭浣建中三年十一月張希超貞元元年十月李丕三年十一月韋端
妻王氏六年二月閻某妻張氏八年五月王庭瓌妻馮氏八年
十月梁思九年十月張敬詵十年九月于昌嶠十一年七月瞿令珪
十二年十月王仲堪十三年四月李宗卿十三年五月

卷十五

唐十一

古誌石華　目錄　王

劉某妻卞氏貞元十五年七月　周氏十七年十一月　畢游江十九年六
月　鄭玉十九年十一月　張曾二十年十一月　許某妻祈氏二十一年正月
張銑妻樊氏永貞元年十月　萬仁泰元和二年二月　裴復三年四月　王
叔雅四年十月　施昭四年十二月

卷十六

唐十二

解進元和五年十一月　馬廿三娘八年八月　李術九年正月　盧某妻
崔氏九年十月　魏邈十年四月　李輔光十年四月　員某十一年十二月　臧
某妻周氏十三年三月　西門珍十三年七月　尼契義十三年七月

卷十七

唐十三

崔載 元和十四年十一月　裴昌 十五年八月　司馬宗妻孫氏 十五年十一月　盧士瓊 大和元年九月　杜某 三年四月　鄭準 同年八月　吳達 四年十月

劉漢潤妻楊氏 四年十月　李某妻杜氏 六年十一月　胡某妻

朱氏 七年二月

卷十八

唐十四

崔蕃 太和七年十一月　杜行方 七年十一月　環某妻程氏 八年六月

劉崟 八年十一月　安某妻吳氏 九年五月　王仕倫 九年八月　劉某

妻辛氏 九年十月　馮倫 十年十月　劉源 開成元年十二月　陳韞 三年四月

劉元質妻姜氏三年十二月　鄭宏禮妻李氏四年四月　趙某妻夏侯氏五年十一月　馬恒六年正月　僧常俊會昌元年五月

卷十九

唐十五

趙某妻張氏會昌三年五月　包某妻張氏三年十二月　馬紓四年七月　王文幹四年十月　尹澄四年十月　陸某妻何氏五年九月　魏邈妻趙氏五年十一月　周文遂大中二年十月　王守琦四年正月　陸琰妻孫氏四年九月　朱某妻樊氏四年十月

卷二十

唐十六

劉某妻郭氏大中六年閏七月　閻某妻萬氏六年十二月　盧鄯
女姚婆七年十月　張君平七年十月　陸某妻劉氏九年十二月　韓
昶九年十二月　劉某妻霍氏十年正月　盧鍇十年四月　康叔卿十年
十一月

卷二十一

唐十七

鄭恒　鄭遇大中十二年二月一誌二石　湯華十二年十一月　馮湍妻
金氏十二年十二月　袁某妻王氏十四年四月　程修已咸通四年四月
王公晟妻張氏四年七月　楊籌妾王氏五年五月　陳直五年八月
王仲建無年號今定為六年十月

卷二十二

唐十八

過訥咸通六年十一月 何倪七年十一月 劉仕俌八年正月 劉遵禮九年十一月 王公晸十一年八月 公都十一年十二月 來佐十四年 李纓妻楊氏十四年十一月 顧謙十四年十一月

卷二十三

唐十九

孔紓咸通十五年 馬某妻張氏咸通缺年 強瓊妻王氏乾符三年二月 趙琮三年七月 趙虔章三年九月 成君信五年十一月 張中立六年四月 黃公俊六年十月 戴昭中和二年十二月

卷二十四

唐二十

敬延祚中和三年二月　戚高三年十月　戴芳三年十二月　崔瑾誌佚蓋存

附廣明中和時王氏缺年月附大順時孫珦妻張氏景福元年十二月　吳

承泌乾寧二年十一月　杜雄四年十一月　陳環　鄔某　尒朱

遠以上三誌缺年月附唐末

卷二十五

唐二十一

尼韋提缺年月附唐末　賈某　劉某　路某　姜氏以上四種皆誌佚蓋存無年月

後梁

梁重立原書唐天祐十年十月今編入乾化三年

樂某妻徐氏四年八月

王彥回五年閏二月

後唐

朱行先原書吳越寶大元年十一月今編入同光二年

劉某妻楊氏原書吳乾貞三年三月今編入天成四年

後晉

羅周敬天福二年十月

卷二十六

後周

某君顯德元年十二月　李訶妻徐氏三年十月

宋一

邊敏無年號今定爲建隆元年　石暎無年號今定爲乾德二年　衛廷諤　衛廷諤妻徐氏二誌皆寶元二年八月　韓愷嘉祐七年十一月　李僑無年號今定爲熙寧二年　韓愊熙寧四年四月　蘇軾乳母任氏元豐三年十月

卷二十七

宋二

仇公著紹聖三年十月　韓宗厚四年九月　游師雄四年十月　趙揚妻

卷二十八

蘇氏四年十月

宋三

韓宗道元符二年七月　楚通叔妾朱氏崇寧二年十月　孫覲大觀四年十月　范莊政和三年六月　孟邦雄建炎八年七月　王景道妻賈氏紹興六年十月　李集妻楊氏二十一年二月　趙之才妻牟氏乾道元年十月

卷二十九

宋四

楊從儀乾道五年三月　張謙五年九月　鹿何淳熙十一年

卷三十

宋五

李端修妻周氏慶元五年十二月　黃裳嘉定三年十二月　鹿昌運

八年二月　王淦嘉熙三年十一月　張塤寶祐元年十一月　韓悅道誌佚蓋存

無年月

金

鄭居澄正大六年三月

元

郭瑞至正二十一年八月

附録

勸勿徙關中古誌石文

古誌石華目錄終

古誌石華卷一　　三長物齋叢書

漢

王威長

明明哲士知存知亡崇隴原亹非寧非康不封不樹作靈乘光厥銘何依王史威長

張華博物志云漢西都時南宮寢殿內有醇儒王史威長葬銘云云

杜鄴

魏郡杜鄴立志忠欵犬馬未陳奄先草露骨肉歸於后土魂氣無所不之何必故邱然後即化封於長安北郭

此焉宴息

葛洪西京雜記云前漢杜子春臨終作文命刻石埋於墓前云云杜鄴有集五卷見唐書藝文志

晉

無名氏

惟晉元康二年太歲在子承開造斯窀窆丙戸□出西左參師啚合宮商是位龜筮易□咸□同吾鐙爵除殞邪惡奔走千祿百福永施後焉

余於孫觀察(星衍)所輯續古文苑中採得宋劉襲張濟女推兒梁永陽敬太妃三誌蓋自明陶南村宗儀

古刻叢鈔中錄出者今於胡竹安大令鈞處得孫觀察校刻陶氏叢鈔共書凡錄漢至宋碑七十二種而墓誌乃居其半因檢前刻三種及唐鄭準誌從石本採過外計叢鈔所收尚有三十三種今槩編入石華卷內第叢鈔係傳寫之本其中頗多譌誤無由得南村眞本而訂正之有文義易明確知其誤者竟爲改之其不可知者仍闕之不復逐條瑣註而發其例於此云

王獻之保母李氏

郎耶王獻之保母姓李名意如廣漢人也在母家志行

高秀歸王氏柔順恭懃善屬文能草書解釋老旨趣年七十興寧三年歲在乙丑二月六日無疾而終仲冬既望葬會稽山陰之黃閍岡下殉以曲水小硯交螭方壺樹雙松於墓上立貞石而志之悲夫後八百餘載知獻之保母宮于茲土者尙□□焉

此墓甎也長廣各一尺一寸宋嘉泰二年山陰農人闢土得之歸錢清王畿甎本斷爲四歸畿後又斷爲五會稽守豫章李大性爲之跋或有疑其僞者姜堯章夔作十跋力辨之遂見重於世今甎已亡卽舊拓本亦不可得矣其文摹入戲鴻堂帖又有專刻者誌

中琅邪通作郎耶後司馬昇誌作瑯琊則别體字也
懃即勤之别體

劉韜

晉故使持節都督青徐諸軍事征東將軍軍司關中侯
劉府君之𡎝君諱韜字泰伯州考處士君之元子也夫
人沛國蔡氏

是誌乾隆間偃師人掘井出之爲武授堂億所得誌
中軍師避司馬師諱作軍司晉制禁用碑誌故所敘
甚簡授堂謂劉君官不爲卑然於功狀無所鋪敘以
古人之不溢美爲可愛恐未必然東漢諸墓碑在晉

之先又何詳盡乃爾耶墓之有誌不始於此特以誌石之存當無先於此者

宋

謝濤

宋故散騎常侍揚州丹楊郡秣陵縣謝公墓誌　祖瑶字球度琅邪缺十餘字　夫人琅邪王氏祖頤之字脩年振威將軍東海內史　父璝字景山給事黃門侍郎散騎常侍光祿勳　夫人太原王氏父坦之字文度持節都督平北將軍□□□刺史藍田獻侯

宋故散騎常侍揚州丹楊郡秣陵縣西鄉顯安里領豫

州陳缺陽夏縣都鄉吉遷里謝濤字明遠春秋卌有九
元嘉十八年歲次屠維月依林鍾十七日卒其年九月
卌日窀穸揚州丹楊郡建康縣東鄉土山里夫人琅邪
王氏七十有二大明七年歲次單閼月□□□十五日
卒其年十一月十四日合祔　父靜之字□壽司徒缺
長史義興太守　祖猷之字子敬中書令　嗣曾孫綽
下缺

王謝皆典午舊族謝濤三世娶於王名見晉書者惟
坦之附湛傳猷之附羲之傳餘皆無徵

劉襲

曾祖宋孝皇帝祖諱道鄰字道鄰侍中太傅長沙景王
妃高平平陽檀氏字憲子謚曰景定妃父暢道淵永寧
令祖貌稚熊琅邪太守台葬琅邪臨沂莫府山父諱義
融字義融領軍車騎桂陽恭侯夫人琅邪臨沂王氏字
韶風父蕑長仁東陽太守祖穆伯遠臨海太守合葬丹
徒練壁雩山所生母湯氏宣城人葬練壁雩山兄顗茂
道散騎常侍桂陽孝侯夫人廬江灊何氏憲英父愉之
彥和通直常侍祖叔度金紫光祿大夫合葬練壁雩山
第三弟彪茂蔚秘書郎葬江乘白山夫人河南翟褚氏
成班父方回太傅功曹祖叔度雍州刺史第四弟寔茂

軌太子舍人夫人琅邪臨沂王氏淑婉父津景源中書郎祖虞休仲左衛將軍合葬江乘白山第五弟季茂適海陵太守葬練壁雩山夫人陳郡陽夏袁氏妙□父淑陽源太尉忠憲公祖豹士蔚丹楊尹第一姊茂徽適陳郡長平殷臧憲郎父元素南康太守祖曠思泰□軍功曹重適琅邪臨沂王閔之希損鎮西主簿父昇之休道都官尚書祖敬宏左光祿儀同第二姊茂華適廬江灊何求子有祕書郎父鎮長宏宜都太守祖尚之彥德司空簡穆公第三姊茂姬適平昌安邱孟詡元亮中軍參軍離父靈休太尉長史祖昶彥遠丹楊尹第四姊茂姜

嫡蘭陵蕭惠徽中書郎父思話征西將軍儀同三司祖
源之君流前將軍第五妹茂容嫡蘭陵蕭贍叔文父斌
伯禕青冀二州刺史祖摹之仲緒丹陽尹重嫡濟陽圉
蔡康之景仁通直郎父熙元明散騎郎祖廓子度太常
卿第六妹茂娘嫡濟陽考城江遜孝言父湛徽淵左光
祿儀同忠簡公祖夷茂遠前將軍湘州刺史重嫡琅邪
臨沂王法興驃騎參軍父翼之季弼廣州刺史祖楨之
公幹侍中夫人濟陽考城江氏景婧父淳徽源太子洗
馬祖夷茂遠前將軍湘州刺史第一男晃長暉出後兄
紹封桂陽侯第二男文淵高拜臨澧侯世子第三男嵩

淵華第四男劉淵遂出後第四弟寔第五男□淵頓第
六男晏淵平第一女麗昭第二女麗明第三女小字僧
歸亡葬□□

宋故散騎常侍護軍將軍臨澧侯劉使君墓誌　君諱
襲字茂德南彭城人宋高皇帝景王之穆也神姿韶雅
風譽夙懋弱冠拜祕書郎遘二凶肆禍人倫道消君身
離幽執僅免虎口事清還復舊職以母憂去官既除又
拜祕書郎轉太子舍人自升□二宮令望允緝出爲鎮
蠻護軍廬江太守莅政平簡聲績兼著遷明威將軍安
成太守屬中流構釁四表迷逆君英議獨發招會如神

故能以一□之旅剋濟忠節義超終古誠冠當今皇朝
欽嘉爵賞取榮除輔國將軍郢州刺史封建陵縣開國
侯俄徵太子右衛率加給事中未拜遷侍中冠軍將軍
改封臨澧縣開國侯鎮肅石頭實當關要之寄遷左衛
將軍未拜仍除中護軍春秋卅有八泰始六年三月十
日薨於位聖主嗟悼朝野傷悲有詔故中護軍臨澧縣
開國侯志行貞純才用理濟忠勳著於艱時懃績偒乎
泰運年志始壯奄焉凶折悲傷惻愴實兼常懷思嘉寵
數以申哀榮可贈護軍將軍加散騎常侍餘如故謚曰
忠侯粤五月廿七日庚寅將葬於琅耶之乘武岡以悲

幽明之殊隔傷一訣而永分仰淸徽而攬淚儫元石而
裁文其辭曰
莪莪□□山岳效靈允矣君子誕膺休禎支蔭帝宇綿
慶文明德以行高仁與□□□華二宮官政兩服國步
時屯艱難斯屬忠則忘家義實光族朝迺欽庸以□□
□□望旣歸□寵惟□或侍帝言或司藩戎方宏丕美
□□家邦如何不□□□□躬□芳稍述日月有時考
辰筮吉元堂啓基深泉永穸□□長悲□□□□□
□□

誌首敘曾祖以下銜名列在題前與北魏崔敬邕誌

同例敘祖父母兄弟并及其葬地祖母嫡母兄嫂弟婦姊妹夫之祖若父名字官位一一備載而姊妹之離婚重嫁者其所適之族亦備載無遺爲誌例罕見曾祖道鄰宋書宗室有傳鄰史作憐當以誌爲正其第五弟季史作爽則當以史爲正也銘云方宏乎美乎卽互字

張濟女推兒

宋張氏墓誌　宋故臨渭侯湘東太守張府君諱濟夫人邱氏諱靜姬第三女推兒春秋卅有一亡於偏愛元徽元年十月甲辰十七日庚申權假瘞於西鄉　遠

菜蘭飛浚源琁潔履順早辰含章妙歲選史圖容循詩範蕳皎鏡冬泉優容春蕙濤北忸行營東憓藝眞昧慶善育翳壽仁泣血貫性團憂殲身罷景方旦摧華載春壠木已藹墓草行陳朱火幾燗元夜無晨

誌曰春秋卅有一亡於偏愛而不及其所適何族蓋以待字過期而殁也濤字乃淄之別寫

齊

海陵王昭文

齊海陵王墓誌銘　中樞誕聖膺歷受命於穆二祖天臨海鏡顯允世宗温恭著性三善有聲四國無競嗣德

方褰時惟介弟鼎祚云及多難攸啟載驟載獵高闕代
邸庶辟欣欣威儀濟濟亦既負扆言觀帝則正位恭已
臨朝淵嘿虔思寶締負荷非克敬順天人高遜明德西
光以謝東旭又良龍轜夕儼寶挽晨鏘風搖草色日照
松光春秋非我曉夜何長　長兼中書侍郎臣謝朓立
沈括夢溪筆談云慶歷中予在金陵有饔人以一方
石鎮肉視之若有鐫刻試取洗濯乃宋海陵王墓銘
謝朓撰并書其字如鍾繇極可愛予攜之十餘年文
思副使夏元昭借去遂託以墜水今不知落何處此
銘朓集不載今錄於此　王闢之澠水燕談錄云慶

歷中洪州江岸崩得謝朓撰并書宋海陵王墓銘石
朓文固奇而書亦有法類鍾繇書石入沈括家十餘
年爲夏元昭匿之不知所在　黄伯思東觀餘論云
海陵志在沈翰林括家慶歷中在金陵尉人以方石
鎮肉視之有文乃此志也後爲人借去不還遂亡所
在此本今世殊難得然海陵乃齊世而沈云宋海陵
王非也又云謝朓撰并書而志但云朓立耳然元暉
自以草隸名當時後人目以飛華滿月殘霞照人此
志結字高雅必朓書也沈載此文於其書亦小異如
温文著性石本云温恭著性嗣德方衰石本云方褰

晚夜何長石本云曉夜當以石本爲是　歐陽修集古錄云右海陵王墓銘南齊謝朓撰海陵王者齊文惠太子之次子也名昭文初明帝鸞旣廢鬱林王昭業而立昭文又廢爲海陵王而殺之鸞立是爲明帝按朓傳朓當海陵王時爲驃騎諮議領記室又掌中書郎後遷尚書吏部郎此誌題云長兼中書侍郎臣謝朓立而傳不書朓爲侍郎也按齊書劉悛爲長兼侍中魏臨淮王彧爲長兼御史中尉南北史多有益長兼似當時兼官之稱如唐檢校官也

是銘見宋人說部者凡四家燕談錄似未見石本僅

據筆談載記者故不若黄長睿所記之詳然筆談云得之金陵燕談乃謂出於洪州江岸齊世諸陵皆在丹陽不應此銘獨出洪州蓋闕之誤也海陵王昭謚曰恭文惠太子第二子也延興元年七月卽帝位十月降封海陵銘中二祖謂高帝武帝世宗謂鬱林太子高遜明德謂文惠太子嗣德方衰謂明帝也

梁

永陽敬太妃王氏

梁故永陽敬太妃墓誌銘　尚書右僕射太子詹事臣勉奉勑撰

永陽大太妃王氏琅邪臨沂人也其先周

靈王之後自秦漢逮於晉宋世載光□羽儀相屬既以備于前志故可得而略焉祖㮙給事黃門侍郎父儼左將軍司馬尋陽內史並見稱時輩太妃體中和之氣稟華宗之烈蹈此溫恭表茲淑慎孝敬資於冥發仁愛□於自然至乎四教六訓之閑工言貞婉之德無待教成罔不該備故景行著於中□淑問顯乎言歸作嬪盛德實光輔佐親蠶蘩之用躬服澣之勤及早世釐居遺孤載貌提攜撫育遠乎成備斷織之訓既明闔門之禮斯洽劬勞必盡曾不移志用能緝睦於中外亦以宏濟乎艱難雖齊姜之勤節曹妃之敬讓方之蔑如也皇業有

遣殷蔿蔵聖追惟曾衞建國永陽恭王纂嗣蕃號式顯
遒拜爲太妃策曰維天監二年六月甲午朔十日癸卯
皇帝遣宗室員外散騎侍郎持節兼散騎常侍蕭敬寶
策命永陽王母王氏爲國太妃曰於戲惟爾茂德內湛
粹範外昭國序凝芬蕃庭仰訓是用式遵舊典載章徽
服往欽哉肅兹休烈可不愼歟備褕瑱之華而降心彌
約居千乘之貴而處物愈厚旣而恭王不永禮從□□
訓導嗣孫載光榮祉年高事重志義方隆宜永綏福履
而奄奪鴻慶以普通元年十月廿三日遘疾十一月九
日己卯甍於第春秋五十有九詔曰永陽大太妃奄至

薨逝哀摧切割不能自勝便出斂哀可給東園祕器喪
事所須隨由官給祖行有辰式宏茂典又詔曰故永陽
大太妃禮數有殊德行惟光訓範蕃闈式盛母儀卽遠
戒期悲懷抽割可詳典故以隆嘉謚禮也粤其月廿八
日戊戌祔瘞于琅邪臨沂縣長干里黃鵠山用宣風烈
以昭弗朽迺爲銘曰　清瀾悠邈其儀尚矣龍光疊照
風流世祀猗歟罔匱於昭不已誕資仁淑作嬪君子幽
閑表操明德自躬推厚處薄秉默居沖叅差採芼擷暎
言工豐昭彤管識懋休風凝芬載湛芳猷允塞徙舍爲
訓止閒成則曹號母儀豈伊婦德穆茲閨闈形于邦國

龍飛集運禮數攸鍾憲章盛典車服有容泰而愈約貴
則彌恭蕃祉方茂纂嗣克重巾帚差池朝夕咸事雖曰
任傳永請斯備是惟仁姑厥德可庇恂恂濟濟蘭芬瓊
祕光陰易晚祺福難留閨儀罷嘆喻華奄收奠遷朱邸
駕詣行楸芳□是勒大□方攸
是誌爲徐勉撰文永陽王蕭伯游武帝姪也梁書有
傳誌中明發作冥發蕤居作蘢居

古誌石華卷一終

古誌石華卷二　　三長物齋叢書

北魏

僧惠猛

魏故照元沙門都維那法師惠猛之墓誌銘　法師緣姓陰氏燉煌人也靈源遐䆮䆪帶西州才秀世華儒釋相襲法師承禮讓之基蹈風教之冑天情孤退靈性高騫視塵世而不居慕鹿薗之聖迹抽簪適道豎拂栖禪且近徹梵卜神想干雲窮理拾幽泮若冰拆故撞鐘之韻彌長振錫之風日遠若乃昇坐法莚闡揚妙藴元關一起有象斯光久韻再揚無言清穆嬌焉若神龍之起

軒進煥矣如翔鳳之降堯陛高祖孝文皇帝重其風流宣顧至厚清談動日交想移辰雖有德之讚四依繼摩之談二□殆將屆之矣皇上聖明道心遐尙委以玄綱仗之幾務而神鑒一炳玉石自分惠識垂臨蘭艾斯辨至如昇帝乘入紫幕言微而孤上理絕而音垂朝英莫之預唯師獨之矣□□□□□天子親駕□□□□□□□□□□□□之魂以悲長夜□□□□□□□慕其□□□□□□□□年十二月□□日□□□□年廿□□□□□□□□□□弟子□□等述其遺芳勒之貞石其辭曰

德降自天憬然獨悟脫略世塵超迹覺

路耽彼精禪習之如素嚮起清風遐邇同慕元宗既闡厥聲亞希搦榛畫闢斯理愈微龍象大暢梵響攸歸

是誌年號殘泐北魏書釋老傳無惠猛名惠猛爲孝文帝所重年止廿餘歲其卒當在宣武帝改元景明時孝文自雲中遷都洛陽法師在朝爲都維那其葬地當在今洛陽縣誌中缺字可意會者補之不可通者闕之

司馬紹

魏故寧朔將軍固州鎮將鎮東將軍漁陽太守宜陽子司馬元興墓誌銘　君諱紹字元興河內溫人也晉河

閒王右衛將軍遷散騎常侍中護軍使持節侍中太尉
公贈車騎大將軍儀同三司謚曰武王欽之元孫晉河
閒侍中左衛將軍贈使持節鎮西將軍荊州刺史謚曰
景王曇之之曾孫晉淮南王秘書監遷使持節鎮北將
軍徐兗二州刺史晉祚流移姚授冠軍將軍殿中尚書
大魏蒙授安遠將軍丹陽侯贈平西將軍雍州刺史謚
曰簡公叔璠之孫寧朔將軍宜陽子驃騎府從事中郎
鎮西將軍略陽王府長史道壽之子君夙稟明穎纂承
纖烈洪業方隆生志未遂以魏大和十七年歲次戊申
七月庚辰朔十二日壬子薨於苐以永平四年歲次辛

卯十月癸亥朔十一日癸酉遷葬在溫城西北廿里詎
之　遙哉遠裔緬矣鴻胄承荷紹夏作賓於周貞明代
襲奕世宣流誕生夫子剋纂徽猷崇基方構嘉業始脩
蘭摧始夏桂折未秋感戀景行式述遺休
是誌與其子昞昞妻孟氏族八昇四石乾隆二十年
同時出土在孟縣東北八里葛村藍司馬氏族葬所
也誌中所敘歷世官歷潛研授堂二跋考據甚詳惟
姚授冠軍將軍謂後秦姚興所授職也潛研謂爲遙
授之異文不若授堂爲精審爾誌中朔作玥散作撒
使作徒簡作蕑驃作[illegible]稟作稾規作頹纂作[illegible]以作

从第作苐裔作裦符作苻克作剋脩作脩休作烋皆別體字魏書世祖紀始光二年初造新字千餘頒下遠近永爲楷式故其時碑刻別字最多沿及隋唐尚有仍其習者

司馬昞妻孟氏

魏代揚州長史南梁郡太守宜陽子司馬景和妻墓誌銘　夫人姓孟字敬訓淸河人也葢中散大夫之幼女陳郡府君之季妹夫人資含章之淵氣稟懷穀之奇風芬芳特出英蕐秀生婉問河洲皷鍾千里年十有七而作嬪於司馬氏自笄撥從人撿無違歷四德孔脩婦宜

純偹奉舅姑以恭孝典名接娣姒以謙慈作稱恒寬心
靜質舉成物軌謹言慎行動爲人範斯所謂三宗厲姬
九族承規者矣又夫人性棄妬媢多於容納敦桃夭之
宜上萬小星之逮下故能慶顯螽斯五男三女出入閨
闈諷誦崇禮義方之誨既形幽閑之教亦著然盡力事
上夫人之懃夫婦有別夫人之識捨惡從善夫人之志
內宗加密夫人之恤姻於外親夫人之仁夫人有五器
而加之以躬撿節用豈悟天道無知與善徒言享年不
永凶罔橫集春秋卅有二以延昌二年夏六月甲申朔
廿日癸卯遘疾奄忽薨於壽春嗚呼哀哉粤三年正月

庚戌朔十二日辛酉歸葬於鄉墳河內溫縣溫城之西寔以營原輿龍鑱野成邱故式述淸高而爲頌云　穆穆夫人乘和誕生蘭蕤蕙糅玉潤金聲令問在室徽音事庭方爭洪烈範古流名如何不淑早世徂傾恩閒後葉刊石題誠

誌首稱魏代非朝代之代魏始封於代故以魏代兼稱景和乃司馬紹長子昞之字志敘孟氏父兄之官而不著其名生有五男三女亦不載男何名位女適何族誌中妻作妻稟作廩睿作叡弅作筭脩作循備作偹舅作䀏娣作娣舉作舉範作範矩作矩族作族

規作䙷寡作京姤作姤敦作穀天作兲逮作逯盡作
盡勤作懃從作従恤作恤儉作撿徒作徒圖作啚粤
作孥葬作塟徽作徽徂作伹叢作藂

刁遵

魏故使持節都督洛兗州諸軍事東平將軍□□惠公
刁府君墓誌銘　高祖協元亮晉侍中尚書左僕射□
□□□□□□□□□□□□□□□□□□□□□夫人
彭城曹氏父義晉梁國中□□□□□□□□□□□
□□□□□□□曾祖彝太倫晉侍中徐州牧司空□
陽□□□□□□□□□□□□□□□□□祖暢仲

遠晉中書令金紫左光祿大夫□平□□□□□□□
□□□□□□□□父瘞淵和皇魏使持節侍中都督
揚豫兗徐四州□□□□□□□□□□□□□□徐
豫冀三州刺史東安簡公夫人琅耶王氏□□□□□
□□□□□□
公諱遵字奉國勃海饒安人也姓氏之興録於帝啇中
葉□□□□□□□□□□□賔淵讃明有晉祖父以
忠肅恭懿聯輝建□□見者世往傳開□□□□□□
□□□□之外不復銘於幽泉也公稟惟岳之靈挺其
仁之德忠孝本於立□□□□□□□□以小節而求

名無虛譽以眩世少能和俗於人無□但昂然愕然者
□□□□□□侍中中書監司空文公高允皇代之
儒宗見而異之便以女妻焉太和中□□□□尋拜
魏郡太守寬明臨下而德洽于民正始中徵爲太尉高
□□諮議參軍事□□□有古人之風器而禮焉俄而
轉大司農少卿均九賦以豐邦用蒞事未朞遷使持節
都督洛州諸軍事龍驤將軍洛州刺史公之立政惠流
兩壃平陽慕化辟地二百方一江汚成功告老上天不
弔忽焉降疾熙平元年秋七月廿六日春秋七十有六
薨于位朝廷痛悼百寮追惜贈使持節都督兖州諸軍

事平東將軍兗州刺史餘如故加謚曰惠禮也惟公爲子也孝爲父也慈在臣也忠居藩也治兄弟穆常棣之親朋友著必然之信尊賢容衆博施無窮戴仁抱義行藏罔滯溫恭好善棠榆弥篤小子整等泣徂年之箭駛痛龜莁之告祥奉靈轜而號慟遷神柩於故鄉以二年歲次丁酉冬十月己丑朔九日丁酉窆於饒安城之西南孝義里皇考簡公神塋之左松門永閟深扃長鍵庶鐫石於下壤仰誌惠於幽泉其辭曰　攸攸緜胄帝儓之允驛代貞賢自唐及晉明哲迭興忠能繼儁在洛雲居徂楊岳鎮長鯨興虐金歷道亡於昭我祖違難來翔

位班鼎列朝望斯光顯顯懿考奉構腰璜依仁挺信據
德樹明紐龜出守入讚台衡惠霑千里道懋槐庭淸風
遥被徽音遠盈曰登農畝播稼是司魏魏高廩禮教將
怡邊城侯捍戎氓佇治秉祗肅命董牧宣威方州克莊
燕輿遐齡庶乘和其必壽泣信順而徂傾攀號兮罔訴
摧裂兮崩聲銘遺德兮心臣靡刊泉石兮慟深扃　夫
人同郡高氏父允侍中中書監司空咸陽文公

按刁氏誌銘鐫於元魏熙平間歷隋唐五代宋元明
以迄今日蓋千餘年矣里人自廢寺趾掘出又四五
十年余始從石景僕孝廉訪而得之但字多殘壞一

角闕如質之洛南薛尺庵先生先生曰石鼓剥蝕爲福雷轟古物之不完由來舊矣况晉帖盡是摹臨唐碑率多鉤勒茲誌端楷古秀蓋去晉未遠而風格猶存且今之書法自唐而溯晉此誌書法則由晉以闢唐希世之寶顯晦有時其公諸世余唯唯搨之以貿當代之嗜古者乾隆二十七年歲次壬午渤海劉克掄五雲氏識

誌敘先世官階刁協傳見晉書子彝附焉暢乃彝之次子雍傳見魏書及北史遵即附見雍傳協爲王敦所殺彝復其讎暢爲宋高祖所誅雍歸於魏遵有子

十三八楷仞長而早卒故誌稱小子鑒奉喪鑒字景智仕至征東大將軍滄冀瀛三州刺史謚曰文獻銘述刁氏之先曰帝儓之允儓字音義未詳不知在古爲何帝文內挻其仁之德用論語如其仁語金石萃編誤其作棊文選任昉求立太宰碑表云道被如仁功參微管沈約安陸昭王碑云如仁夕惕之志皆用論語句也他如究作宄簡作蕑邦作邦疆作壃洒作汚藩作蕃棣作棣罔作罔整作整龜筮作龜莁攸作彼弈作驛揚作楊標作檦貳作貳邊作邉壯作疰奭作奭皆别體字訴作訢則說文正字也

崔敬邕

祖秀才諱殊字敬異夫人從事中郎趙國李烋女父雙
護中書侍郎冠軍將軍豫州刺史安平敬侯夫人中書
趙國李銑女
魏故持節龍驤將軍督營州諸軍事營州刺史征虜將
軍大中大夫臨青崔公之墓誌銘　君諱敬邕博陵安
平人也夫其殖姓之始蓋炎帝之裔其在隆周遠祖尚
父實作太師秉旄鷹揚尅佐撫殷若乃遠源之富奕世
之美故以備之前冊不待詳録君即豫州刺史安平敬
侯之子胄積仁之基累榮構之峻特稟清貞少播令譽

然諾之信著於童孺瑤音玉震聞於弱冠年廿八而儁
華茂實以響流於京夏矣被旨起家召爲司徒府主簿
納贊機衡能和鼎味俄而轉尚書都官郎中時高祖孝
文皇帝將改制創物大崇革正復以君兼吏部郎詮敘
彝倫九流斯順太和廿二年春宣文皇帝副光崇正妙
簡宮衛復以君爲東朝步兵景明初丁母憂還家居喪
致毀幾於滅性服終朝廷以君膺量凝果善謀好成臨
事發奇前畧無滯徵君拜爲左中郎將大都督中山王
刺史出圍僞義陽城拔凱旋君有協規之勑功績隆盛
授龍驤將軍太府少卿臨淄男忠勳之稱實顯於茲永

平初聖主以遼海戎夷宣化佇賢肅慎契丹必也綏接
於是除君持節營州刺史將軍加故君軒鑣始邁聲猷
以先麾蓋踐壇而温膏均被於是殊俗知仁荒嵎識澤
惠液達於遒遐德潤潭於邊服延昌四年以君濤政懷
柔宣風自遠徵君為征虜將軍太中大夫方授美任而
君嬰疾連歲遂以熙平二年十一月廿一日卒於位縉
紳痛惜姻舊咸酸依君績行蒙贈左將軍濟州刺史加
謚曰貞祁也孤息伯茂銜哀在疚摧號罔訴泣庭訓之
崩沉淚松楊之以樹洞抽絕其何言刊遺德於泉路其
辭曰　緜哉遐胄帝炎之緒爰歷姬初祖惟尚父曰周

曰漢榮光繼武邁德傳輝儒賢代舉於穆獻考誕質含靈秉仁岳峻動智淵明育善以和奬幹以貞嚮發邽邸翼起槐庭慶鍾盛世皐澤遠融入參褰紱出佐邊戎謀成轅幕績著軍功僞城颷偃蠶境懷風王恩流賞作捍東荒惠沾海服愛洽遼鄉天情方渥蕳爵惟良如何蒼旻國寶淪光白楊晦以龍雲松區杳而烟邃藐孤叫其崩窓親賓颷而垂淚仰層穹而摧號痛尊靈之長祕誌遺德兮何陳篆幽石兮深燧嗚呼哀哉

王士禎居易錄云陳崇石爲安平令掘田隴間得此誌其祖父名爵列於題銜之前與宋劉襲誌同誌中

鶵作撇𤼵作壃邊作邉怨作㤪

高植

魏故齊青相瀛朔恆六州剌史 下缺 君諱植字子建勃海蓨人也 缺 茂烈皆備之國籍家傳不復更錄 缺 不幸君□靈原之 缺 者顧賜 缺 求□道於□矜始此 缺 宣武皇 缺 皇帝已 缺 衛 缺 理況 缺 絶□□之 缺 我以□方約我以 缺 心始□ 詐之輩 缺 君在 缺 神飄然 缺 泉 缺 至德□虛靡 缺 名山□衢 缺 龍飛鳳舞 缺 贖予 缺 豪痛彼蒼者天喪此明公負矣哲人惟義是依每見我君終始許師 大魏神龜 缺

誌出景州城東十八里六屯村康熙間雨圻河岸土人得之後歸田山薑雯家字泐過甚十不存一魏書外戚傳高肇之子植爲濟州刺史歷青相朔恒四州刺史以清能著卒贈冀州刺史此云六州蓋史遺涼州而誌亦泐其終贈冀州也金石萃編以神龜下第五字泐痕似庚字左旁定爲三年庚子正光七月改元以前所刻誌中渤作勃蓚作蓨喪作䘮負作貟

司馬昞

魏故持節左將軍平州刺史宜陽子司馬使君墓誌銘

君諱昞字景和河內溫人也晉武帝之入世孫淮南

王攜之曾孫魏平北將軍固州鎮大將魚陽郡宜陽子
興之子先寔乇離宗裔介否乃祖歸國賞以今爵弃世
承華体榮弥著君有拔群之奇挺世之用神風魁崖機
悟高絶少被朝命爲奉朝請牧王主簿員外散騎侍郎
給事中從驃騎府上佐遷揚州車騎大將軍府長史帶
梁郡太守在邊有暐略之稱轉授淸河內史此郡名重
特以人舉不幸遇疾以正光元年七月廿五日薨於河
內城朝廷追美詔贈持節左將軍平州刺史非至行感
時孰能若此以庚子之年元楊之月廿六日丙申葬於
本鄉溫城西十五都鄉孝義之里刊石誌文而爲辭曰

君侯烈烈玉摐金聲高風愕愕屢歷徽榮奄然辭往
沒有餘馨鐫茲泉石用銘休貞
是誌有蓋正書墓誌銘三字在孟縣監生李洵家誌
石則在張大士家爲縣令周洵攜去失所在昞爲司
馬叔璠之曾孫道壽之孫紹之子也紹字元興誌書
叔璠作播元興作輿而遺其祖之名位魏書則云元
興子景和而不著其父子之名均藉史誌參觀而得
昞字說文所無而唐高祖父亦以此命名字曰叔和
則和乃昞義也又漁陽作魚陽屯作乇弈作弈散作
散龍驤作驤驤邊作邊執作熟往作住

鄭道忠

大魏正光三年歲次壬寅十二月己未朔十六日壬申
故鎮遠將軍統軍將軍鄭君墓誌銘　君諱道忠字周
子滎陽開封人周文王之裔鄭桓公之後魏將作大匠
潤之十世孫也本枝碩茂附萼重輝冠冕相仍風流繼
及祖以清靜爲治化洽枌榆孝以德礼鑄民愛流海曲
君剋膺純粹載挺珪璋美行著於髫年嘉譽盛於冠日
太和在運江海斯歸理翰來儀擢木以霧始爲高陽王
國常侍所奉之主即承相其人雖義在策名而遇同置
醴邀循任重戠職惟才轉衛尉丞加明威將軍抑而爲

之非所好也會五營有缺俄意在焉尋篝嗣宗聊以寄息從步兵校尉夲邑中正遷鎮遠將軍統軍將軍君氣韻恬和姿望溫雅不以盛否滑心榮辱攺慮俳徊周孔之門放暢老莊之域澹然簡退弗競當塗天道茫茫仁壽無證春秋卌有七以正光三年十月十七日卒於洛陽之安豐里宅知時識順臨化靡傷啓予在言素儉爲令古之君子何以尚茲越十二月廿六日窆於滎陽山巁石澗北乃銘石泉陰式昭不朽其辭曰　河潁之鄉史伯稱祥褐來胄宇大啓封壃國風已□家業嗣昌或潛或躍令問令望於穆不已篔生夫子皎皎百練昂昂

千里棲息與經馳騖文史潤彼璠璵馥兹蘭芷間平出世玉帛求人溥吉委贄義等師臣帝居崇秘警衛惟寅既叅開鍵仍奉鉤陳雖則鉤陳亦孔之賤我有一尊心無兩戢風催夜燭弦斷曉箭奄就北京遂同南面荒茫宿草森沉窀木迥絕人群朋嚾羽族形歸泉壤聲留蕳牘靡畏樵蘇寧悲陵谷

是誌近日出土為金石家所未見滎陽之鄭在北魏已為望族所謂將作大匠灌者傳見三國魏志墓誌標題以朝號及年月日冠於銜名之上蓋創見也誌中滎作熒喬作⿱覀夂策作筞貳作貮鈌作⿰垂夬徘徊作俳

個莊作疰胥作肯關作開驅作駈簡作蕳溯鄭氏先
世遠及周文而乃近遺祖父之諱曰爲治曰鑄民其
祖父亦非無爵位可書者

陸希道

魏故涇州刺史淮陽男陸使君墓誌之銘　篆蓋　魏故
使持節　缺　諸軍事　缺　涇州刺史淮陽男陸使君墓誌銘
上缺　鉅鹿郡開國公之子也　下缺　前涼州刺史兼
吏部郎中陳郡袁飜字景翔制銘

誌在孟縣張河村出土村民用以捶布故字甚磨滅
惟次行鉅鹿郡開國公之子也九字可辨餘行上下

或一二字而已側面別刻袁飜制銘一行尚無剜損
乾隆五十四年移置縣學忠義祠內陸君名字生卒
年號俱無存孟縣志據魏書陸俟傳載其子孫有名
希道字洪度者以克義陽功賜爵淮陽男歷官至平
西將軍涇州刺史正光四年卒官與誌銜正合又希
道父叡曾封鉅鹿郡開國公見於叡傳亦與誌合遂
定其人爲陸希道傳云正光四年卒官正光止五年
制銘之袁飜魏書有傳其拜吏部郎中實正光末事
故知此誌爲正光間造也

李超

魏故懷令李君墓誌銘

君諱超字景昇本字景宗後承始族寓在江左者懸同故避改云秦州隴西郡狄道縣都鄉華風里人也雅著高節敦襲世風言行足師與作成准循情孝友因心名義安貧樂道息詭遇之襟介然駿特標礭焉之操弱冠舉司州秀才拜奉朝請除恒農郡冠軍府録事叅軍事宰沁水縣巨政崇治綽居尤冣爲受罪者所誈章憲臺誤聽被兹深刻除名爲民於是廿年中浮沉閭巷玉潔金志卓尔無悶到熙平二年甫更從管補荊州前將軍騎兵叅軍事復作懷令巳受拜垂垂述職遭疾正光五年八月十八日卒於洛陽之

永年里宅時季六十一孤貞華首託於二邑門從無兩遠迩酸恨懷之百姓長慕喪氣雖陳留之哀望胡季觳不是過也越六年正月丙午朔十六日辛酉葬洛陽縣覆舟山之東南原壤難窮陵谷時異刻兹陰石照序光塵　泱泱顯族蘇蔣西垂代襲清則沓炳羽儀道妙之門緒風屬斯惟祖惟孝倜儻瓌奇昌謨迭駕高犪明規杳量无隄元孳不貲揔衜異貫負應紛枝灼灼伊君山立淵渟棲貞宅正寢繩履程懿鑠爲質醇素用情均洽禮世氣重財輕亦既從招旁溢鴻聲隨牒出入密勿力誠爰莅近邑先邁儀形絶交獨坐化動陰鬒尚德貽登

泉寶叵蓋柫袿歸来餝轅褅帶恂恂鄉閈万殊一會優
柔善成无小无大垂白再仕汎尔㳂流階倫稍降盛業
愈遒遂作後城士女承休戀頓方馳盡士悲愁剋莭烱
言引賞靡徽端恭妄砥家俗虛膺權彼圯跡事開篇繪
長源未輸深畚作卷藹此逸機空生徒返茲窺易削疇
壽難遺楨樹踈踈泉房寒遙孀孤內孏妹弟擢陌式鏤
沉石託注幽蒙　妻恒農楊氏父談為鄭州主簿息女
孟宜年卅六適恒農王始僬郡中正息女媛姿適遼西
常彪侍御史息女仲妃適武威賈子謐涼州治中息道
冲息女婉華息女休顏息女四輝息道逸年十六息道

栖年十三

誌出偃師喬家村今在縣學明倫堂其曰葬於洛陽縣覆舟山者覆舟山今在縣境與洛陽接境其地舊屬洛陽也趨爲懷令懷今河內縣是誌金石萃編列於永安二年孫氏續古文苑據通鑑長歷推之所謂越六年正月丙午朔者卽正光六年正月也誌中狄作狘準作准確作礭誣作詿臺作臺年作季官作宦日作⊙覆作覆蔓作蔓考作考總作揔寢作寑質作貭儀作儀冥作冥咎作咎拂作柫飭作餝逮作逯鑾作鑾砥作砥俗作俗摧作權罔作罔蘊作藴窕作窆

泉作臬爛作爤休作烋

張元

魏故南陽張府君墓誌　君諱元字黑女南陽白水人也出自皇帝之苗裔昔在中葉作牧周殷爰及漢魏司徒司空不因舉燭便自高明無假量水故以清潔遠祖和吏部尚書并州刺史祖具中堅將軍新平太守父盪寇將軍蒲坂令所謂華蓋相暉榮光照世君稟陰陽之純精含五行之秀氣雅性高奇識量沖遠解褐中書侍郎除南陽太守嚴威既被其猶草上加風民之悅化若魚之樂水方欲羽翼天朝抓牙帝室何啚幽靈無簡殲

此名指春秋卅有二太和十七年薨於蒲坂城建中鄉孝義里妻河北陳進壽女壽爲巨禄太守便是瓌寶相暎獲玉彖羌俱以普泰元年歲次辛亥十月丁酉朔一日丁酉壓於蒲坂城東原之上君臨終淸悟神諳端肅動言成軌泯然去世于時兆人同悲遐方悽長泣故刊石傳光以作誦曰　欝矣蘭冑茂乎芳幹葉暎霄衢根通海翰儵氣貫岳榮光接漢德与風翔澤從雨散運謝星馳時流迅速既彫桐枝復摧良木三河奄曜巛塸岜燭慮感毛羣悲傷羽祑扃堂無曉壙宇唯昏咸輜松户共竂泉門追風永邁戓銘幽傳

張元字黑女元黑色女郎爾汝之汝南陽白水人自
水鄉漢光武故里在新野縣漢張遷表敘先世甚詳
僅及周張仲漢張良張釋之張騫四人此誌乃云出
自皇帝之後未詳其為何皇何帝唐書宰相世系表
張氏出自黃帝子少昊則皇帝當作黃帝昔在中葉
作牧周殷殷無以張為氏者周自張仲外見於左傳
國策者無位至牧伯之人爰及漢魏司徒司空世系
表清河之祖有漢司徒歆馮翊之祖有漢司空皓此
外未嘗以司徒司空著名惟晉有司空張華誌以舉
燭喻其高明似指華之博物而言然所徵引殊未確

也遠祖和祖具史皆無傳父盪寇將軍未著其名妻父陳進壽官巨祿太守魏無巨祿郡當即鉅鹿別稱曰壽爲巨祿太守下著便是二字通俗之文始見於此又進壽雙名複述稱壽今人以爲常於古則罕見十月丁酉朔一日丁酉書朔書日不嫌其重唐張希古誌云四月甲申朔一日甲申亦如此蓋古法也元南陽人爲本郡太守其卒葬皆在蒲坂豈以父爲蒲坂令遂家其地耶幽靈無藺神誚端肅藺誚二字未詳其義裔作襃殷作殷寇作寇稟作稾魚作魚爪牙作抓牙建作建雙作雙朔作玥葬作葬胄作冐幹作

斡映作暎霄作霄翰作翰休作烋坤作巛匽作堰喪作喪痛作癒族作裓堂作堂韜作韜寢作寑泉作泉式作戎皆別體字遐方悽泣句多長字旁加三點書石滅字用旁點始見於此是誌未知何時出土於友人何子貞處見拓本錄之

古誌石華卷二終

古誌石華卷三　　三長物齋叢書

東魏

司馬昇

魏故南秦州刺史司馬使君之墓誌銘　君諱昇字進宗河内温縣孝敬里人也其先晉□帝之苗裔曾祖彭城王禮金聲於晉閣作藩牧於家邦祖荆州才地孤雄震玉譽於江左来賓大魏爲白駒之客始踐兆都進授侍中使持節征南大將軍開府儀同三司十州諸軍事封瑯瑘王後遷司徒公父□□□鎮剖隴西開右著唯良之績君纂帝王之資憑萬乘之裔夙慧早成絶於郡

輩君志性貞明稟撿鯁直又能孝敬閨門肅雍九族鴻
才峻邁聲溢洛中以孝昌二年釋褐太尉府衛參軍又
除懷令雖牛刀耻雞且錦遊邦里莅政未幾禮教大行
君臨兹百里承流敷化故能申述典謨奉遵皇猷使盜
息如姧藏令行如禁止懷邑之民咸稱良翰方靡好爵
而窮仕路極纓冕以官王賚如天道無徵弔善徒言遺
疾一朝哲人云亡以天平二年歲次乙卯二月廿一日
春秋卌有一薨於懷縣贈使持節冠軍將軍都督南秦
州諸軍事南秦州刺史以其年十一月七日窆於溫縣
但以日月不停遷窆有期墓門刊誌勒銘泉扉其詞曰

盛矣終源發業晉軒隴西之子瑯琊之孫如冰斯潔如玉之温往賢謝美今儁何言慕武彭城承流全晉萬乘之胄龍德之允辰極方高蒼海比潤崇基卓立嶷矣孤峻少播令問弱冠飛聲克在集譽讃彼槐庭帝嘉明德作邑懷城義風烟舒道化雲行才明不壽自古在先顔生二九萎哲殲賢之子之亡如仕之年永辭白日長歸黄泉遠送平原塟於温縣隴樹冬寒夏凝霜霰勒銘德埏誌其鄉縣萬歲千齡誰聞誰見

誌敘先世但書官爵而不書其諱孟縣志據魏書北史及庾開府集攷證甚詳定其曾祖彭城王爲司馬

滎期祖瑯琊王爲司馬楚之父□□□爲司馬寶光
又以楚之諸孫延宗茂宗悅宗皆以宗爲名字與昇
字進宗相合特史無昇傳藉是誌以著耳文中謚息
如姧藏令行如禁止如天道無徵及銘詞如仕之年
四如字如左傳星隕如雨之如皆當作而字讀顏生
二九當是四八之誤又裔作衮造作逄使作使儀作
儀遷作遷闢作闘纂作篡夙作凮稟操作稟摽禍作
禍奸作姧翰作翰爵作爵冕作寃徵作徵督作督蹙
作蹙遷作遷修作脩全作全矣作吴峻作峻聲作聲
莊作荘讚作讃長作镸

高湛

魏故假節督冀州諸軍事輔國將軍冀州刺史高公墓誌銘　君諱湛字子澄勃海滌人也靈根遠秀啓慶光於渭川芳德遐流宣大風於東海[illegible]範百王垂聲萬古者矣故清公勢重鄭伯揖師元卿位尊管仲辟禮皆所以讓哲推賢遠明風軌祖冀州刺史勃海公文照武烈望蔚中夏惠治朝野愛結周行考侍中尚書令司徒公英風秀逸儁氣雲馳到顧帝鄉威流宇縣君資慶緒於綿基挹餘瀾於海澳幼尚端凝長好文雅非道弗親唯德是與逍遙儒素之間蘂申穆之遺風徘徊文史之際

追牧馬之迺藻至於弊春灑翰席月抽琴邁昔哲以孤游超時流而獨遠熙平啓運起家爲司空叅軍事輔揚烈將軍羽林監天平之始襄城阻命君文武兩兼忠義奮發還城斬將鑾左同歸朝廷嘉其能縉紳服其義徵驃驤將軍行襄城郡事君著績既崇賞勞未允尋除使持節都督南荆州諸軍事鎮軍將軍南荆州刺史於時僞賊陳慶卒旅攻圍孤城獨守載離寒暑終能剋保邊隍全怗民境復除大都督行廣州事享年不永春秋卅三元象元年正月廿四日終於家皇上動哀能言灑淚迺有詔曰故持節都督南荆州諸軍事假鎮軍將軍揚

烈將軍負外羽林監行南荊州諸軍事南荊州刺史當州大都督高子□識用開敏氣幹英發擲掎蕃翰誠効尅宣臨難殉軀危從非命言命遺績有悼於懷宜申追寵式光往烈可贈假節督齊州諸軍事輔國將軍齊州刺史元象二年十月十七日遷塋於故鄉司徒公之塋千秋易往萬古難留故鐫石泉門以彰永久其詞曰

丹到降祉姜水載清大人應期命世挺生垂竿起譽龍鈞流聲經綸宇宙莫之與京允司下蕃公衡上宰既顯營邱復樹東海四履流芳五城降緌繁柯茂葉傳華無改伊宗作輔忠義是依清蕩昏霧橫掃塵飛日月再朗

六合更釁玉帛斯集福祿攸歸仁壽無遠積善空施風
酸夏草霜結春池峴山墜玉桂樹摧枝悲哉永慕痛矣
離長

是誌乾隆已巳德州衛第三屯運河決東岸得之今
在州人封氏家文字完全惟詔語高子澄缺一澄字
高湛之名既不見於魏書文敘先世復不著其祖父
之諱潛研跋以外戚傳高肇官階及肇父颺贈官校
之頗合特肇子無名湛者未敢遽定山左金石誌謂
湛字子澄孝靜詔字而不名尊之之意余謂不然前
錄司馬紹及其子昞二誌元興紹字畏和昞字魏書

但稱元興景和亦不及紹晒之名疑當時誌墓家傳則書其名當官則以字行不獨子澄爲然也子澄之名與齊文襄武成名同或史官避齊諱追改亦未可知制詔中歷書拜贈階爵而以稱字示尊無此例也湛終於家詔語謂臨難捐軀奄從非命殆以守城時受傷歸殁耳銘末離長二字誤倒用誌中齊作亝又作脊渤作勃蓚作滌兆作𠧞川作巛遐作遐軌作軓標作檦洽作治徒作徒虬作虯稾作稾瀾作瀾儒作儒逸作逸灑作灑翰作翰席作席假作假龍作䶮旅作祓邊作邉全作仝帖作怗象作象幹作幹攝作攝式作

或衡作衡横作撗攸作攸皆別體字其以文昭作文照枚馬作牧馬則誤字也六合更暉之暉誌作暈與德州近出之高貞碑以淸暉作淸暈正同蓋亦當時有此寫法

北齊

崔頠

魏開府叅君事崔府君墓誌銘　君諱頠淸河東武城人尚書僕射貞烈公之孫涇州使君第二子也冠冕世德福慶餘緒曜車爲寶荊玉成珎文慧之志著自弱年孝友之情表於冠歲藻翰與春華比芙景迹共秋菊均

榮而宦止開府叅軍事輔仁之道更虛年廿六武定六年七月遘疾七日卒於□都寢舍粤以天保四年二月甲午朔廿九日歸窆本鄉齊城南五十里之神塋日月不居感臨川之歎有德無位致殞秀之悲其銘曰　於穆不己世載其英朝端岳牧袞紱瑲珩休芳必嗣有芺誕生黄中闡譽敏内欄名膺斯府檄稱是才實器懷明悟文情委逸方此□期宜從厚秩命也不融朝驟遷日故□□□塵書癈笥一辭華屋言歸蒿里原隰□□□風鬱矣刊石泉陰永傳蘭芷

尚書僕射貞烈公崔亮也魏書有傳涇州使君名土

和亮洨子

朱岱林

齊彭城王府主簿朱府君墓誌銘 并序　第四子敬脩撰　從子敬範銘　君諱岱林字君山樂陵濕沃人也自辛朝喪歷昌戶衛書親以建社賢亦啓國扶封於邾公加茅土方曹析壤媿曾稱雄別有由謚立姓因字爲氏斯即去邑從朱蓋是殊方共致卯金則司空佐命當塗即領軍贊業整在晉嗣美表於趙垂名所謂杞梓繼生公侯間起哲人世挺衣冠代襲曾祖霸儒該邱素術盡從橫魏使持節平州諸軍事安遠將軍平州刺史俗

隣壃場布以威恩醉酒空陳夜金不受於後謗言及樂
讒巧亂鄒儵介鷹揚翩然鵲起擁鄉里三千餘戶来逝
河南值元嘉之末朝多散亂不獲其賞仍居青州之樂
陵郡祖法宏下帷耽藝閒靜自得舉秀才釋褐南平王
府行參軍遷尚書祠部郎中禮閣有聲舍香擅美後遷
司徒府諮議參軍事亡贈鴻臚卿父孝祖清規勝範地
美才高俄而魏高祖孝文皇帝能羆覽騁蒼兕爭先化
洽江湘令行天下錄奇異於巖藪訪隱逸於閭闔起家
除槃陽縣令轉北海太守流涕孟侯歌謠稚子從今剗
古並駕分駈君膺茲秀氣稟是淳和三穌六里方珠比

王左智右賢擬龍齊鳳得嗟蔡子見重侯相聿始十餘
身離艱苦晨號夕踴柴毀骨立遂使鳩來栖集馬懷蒭
草精通飛走操貫幽明魏廣陵王愛善如蒼好書比德
俾侯南服妙選英佐託以金蘭徵爲國常侍辭不獲已
俛僶從職而侯羸荷盻難交公子介推逃賞終遠晉文
未踰十旬還以病解後彭城王又以皇枝之貴作牧東
秦召爲主簿久而從命王籍甚有素不苦抑遣終遂干
木之心乃申安道之志君雅量之地無際可尋元昆季
弟推之京宦同於得喪等槩榮枯含章韜綵藏明晦用
兄元旭散騎常侍出除南兖州刺史弟叔業通直散騎

常侍左光祿大夫高冠暎日長戟陵風譽滿京華聲馳
寓縣縱趙孝之讓禮食曾何足云魯恭之就季名詎堪
方此魏廷慰卿崔光韶侍中賈思伯並聰敏當世器局
樹時結四子七賢之交飲醪投水之密留連宴燕付寫
衿期黃門郎徐紇與君意言之暇聊申微旨君荅云昔
人有以術忤帝或道質□王譬之鱗羽本乖飛伏而平
生膚短未希簪紱如斯之貺乞不加已紇愛人以禮兼
相欽尚從其所好不敢擎維普泰之季水德不覺蒼雲
蒞野紫日生天烏合蟻徒聚三齊之地暨牙鳴角舉十
二之險不異井中虛言聖出何殊轍□妄号神人拔本

塞源摧蘭天桂春秋五十有四遐迩悲噎聞見涕零惟
君大度不羣峻□孤上託宿假道唯仁與義規矩成則
物我兼忘非夷非惠不石不玉惻隱同於子魚友悌侔
於伯雅何忽儋山石折智士遽傾以大齊武平二年歲
次辛卯二月乙卯朔六日甲申埜於百尺里東五里第
四子敬脩自惟羅此荼毒眇然咳幼離奇以生龍鍾而
立窮而匡子温慙閔鸞岵山難涉過庭無訓攜鋤而感
言下集冠之禽攀松茀昭寧降成墳之鳥參追士季瞻
像載興傷痛日殫觀狀益增酸哽磬茲鄙拙式序微猷
思與泣俱文兼涕落先言多不備述往行盡是闕如良

由才非作者情隈蕪次從父兄敬範史君伯第三子脫
略榮華不應徵聘沉深好古尤工摛属勒銘黄壤以播
清風辭曰　本自高門世資陰德從來位重人兼才識
運海鱗奇搏搖翅力繁枝不已清瀾焉息其一唯祖英毅
唯父深沉飛纓鳴玉作範垂音仍生東箭遂挺南金素
榮俱美出處分心其二有應純和□望餘耀嵇風阮德梁
游大鈞摠於君子藝才何劭闕里儒英瀨鄉元妙其三道
王天崖志輕人爵菊蘂危坐□裘採藥楚漢兒戲仁雄
寥廓我如曾閔何論許郭其四虚言輔善實驗無親石□
既落僧山亦淪少微之應遂屬高人悲王難序痛霍何

陳其五仁厚鍾慶育斯才彥歷階武目過庭鯉盼似鳳方
鳴如龍比絢遺孤在篋藐焉誰見其六誰見伊何慈顏弗
覩口朝不食隣人罷祖比學西河擬文東魯述彪者固
情深陟岵其七魚山本志門豹遺風丹青已寫元窆方崇
思人下淚瞻蓋悲空山川不易規猷詎終其八嗟嗟猶子
瞻儀在昔荷恩惟訓依希如覿頌雅因詩宏文託易追
思素道敬鐫元石

誌出樂陵縣錄入山左金石志撰文者爲岱林之子
敬脩撰銘者爲其從子敬軏一誌以二人爲之亦僅
見也碑例稱君自漢已然此誌以子稱父亦曰君則

前此所未見誌中闇作獨廷尉作廷慰羅作羅棘作棘輟作惙務作蓩標作樹喜作熹孩作咳磬作磬瀾作灡劃本音僅玉篇云劃也誌曰從今劃古其義未詳

北周

王通

大周處士王君墓誌銘　公諱通其先太原人也粤乃仙嶽含靈毓禎圖而錫爵晉淮分淑應寶籙以開宗是以三公列而更榮五侯封而載錫自茲厥後英髦不墜祖明濟郡中喉舌識度冲敏志業詳確父增隨州主簿

鑒履淸致器量貞邃公養志中和資靈上德趨疾學禮立身之道自宏步月開襟讓客之風已遠中爲令德游藝依仁賞逸閒居不希榮祿既而門巢結釁百年之運已催楹夢起祥九泉之路俄涉春秋六十有三遘疾終於私第嫡子脩文脩禮哀經露茹痛結寒泉粤以大周天和二年冬十月窆於東城縣東五十里崇德鄉平原禮也東漸巨壑波濤滉瀁西望層山煙霞出沒頌德音而不朽感生靈之倏忽其詞曰　惟鎬建官惟唐命職允文允武克岐克嶷開國承家禮儀不忒皇天無親誕生哲人摳衣問道好古日新如何不淑奄喪斯文前臨

蔵薄後眺荒邱風搏素蓋日慘丹旐庶銘明德永播芳
猷
康熙九年秋河間縣東城鎮大水決古墓得此誌蓋
文中子之前另一王通也

古誌石華卷三終

古誌石華卷四　　三長物齋叢書

隋

王某妻張氏

隋故王府君夫人張氏墓誌銘　夫人張氏□州人也散騎侍郎暉之長女世承官閥時謂盛門年十九適王氏貞姿雅操爲閨門之表誠宜天相□□□以永年何理之不明喪此良善開皇四年九月五日不祿春秋五十有子二人長淨次潤皆夫人鞠育成立其年十月三日素車飾終儉而得禮敢述生平勒於貞石辭曰銘闕

張景略

大隋車騎秘書郎張君之銘 篆蓋

君諱景略燕州上谷人漢司徒犂之後也帝皇布護將相蟬聯備諸圖史其可伊述祖驃騎大將軍第一領民酋長文城公又遷燕州諸軍事燕州刺史考龍驤將軍諫議大夫奉車都尉行濟安郡太守金鄉侯君質如披錦文彩煥然器若琟璋尤輝朗潤於是弱齡表異聲振朝野欲止不能遂被徵辟起家爲魏帝內侍左右尋遷秘書郎優游鳳沼去來麟閣時稱獨步窺曰無雙又加車騎大將軍開皇十一年正月六日寅不淑德奄從運往春秋六十有八以其月二十六日遷窆於相州安陽河北白素曲未極

丞相之季俄掩將軍之墓嗚呼哀哉乃爲銘曰　脩季
慷慨掩紫垂青崐山漢絕玉潤珠明何啚大運混我賢
貞一辭身世百代千齡

授堂跋謂誌云漢張華之後漢宜作晉金石萃編謂
三國魏志有兩張華北魏書張讜父亦名華皆非其
人晉張華爲司空亦未嘗爲司徒不獨誤晉爲漢矣
授堂又謂正月六日冥書卒爲冥也安陽縣志謂冥
與卒不通用此冥字屬下文非句絕處蓋授堂誤爾
誌敘祖父不著其名萃編推其年數當在北魏之世
偏考魏書北史不得其人景略爲秘書郎當在魏朝

其加車騎大將軍則在隋代故誌蓋題曰大隋車騎云云誌中漢作漢徙作徙聯作聡備作備實作寔冥作冥丞作丞俄作俄水作㳄世作也

韋賓

周驃騎將軍右光祿大夫雲陽縣開國郎韋君墓誌銘

公諱賓字客卿張掖永平人也自壽邱之山卿雲照三星之色襄城之野童子爲七聖之師繼喆傳賢肇終古而長懋垂陰擢本歷寒暑而流芳曾祖澄西河郡望行滿鄉閭後涼召拜中書侍郎建威將軍玉門太守屬涼王無諱擁戶北遷士女波流生民塗炭乃与燉煌公

李保立義歸誠魏太武皇帝深嘉礼辟授使持節大鴻臚散騎常侍高昌張掖二郡太守封永平侯贈涼州剌史祖幼文西平鎮将考天慶汝南太守政脩奇績世襲茅土州閭畏憚豪右敬推家享孝子之名朝揖良臣之譽門稱通德里号歸仁公惟岳惟神克岐克嶷幼而卓尒爽慧生知長則風雲英聲自遠永安二年從隴西王尒朱天光入關任中兵參軍內決機籌外揔軍要除平東将軍太中大夫周太祖龕定關河公則功參草創沙苑苦戰勳冠三軍封雲陽縣男邑五百戶大統十七年除岐州陳倉令周二年除敷州中部郡守歷居宰莅民

慶來蘇野有三異之祥朝承九里之潤保定之二年授司士上士四年遷下大夫濟濟鏘鏘允具瞻之望兢兢謇謇見匪躬之節天和二年授驃騎將軍右光祿大夫四年任豫州長史别駕騣騣驤足起千里之清塵欝欝鳳林灑三春之憓澤君子仰其風猷小人懲其威化諒人物之指南寔明君之魚水俄以其年十二月遘疾薨於京第春秋五十有五夫人許昌陳氏開府儀同金紫光祿大夫岐州使君西都公豐德之長女也繇翔飛鳳則四世其昌天聚德星則三君顯号清音麗響与金石而鏘鏘秀嶺奇峯隨風雲而縈欝夫人資光務不稟教嚴

閨淑慎內和容言外皎高門儷德君子好逑保芝九年
先從朝露春秋卌五為仁難恃天無蠲善之徵樹德遂
孤神闕聰明之鑒唱隨俄頃相繼云亡逝者如斯嗚呼
何已公夫人之即世也時鍾金革齊秦交爭車軌未并
主祭幼沖且隨權塵今世子營州摠管司馬武陽男志
次子右勳衛大都督上洪男寧運屬昌期宦成名立思
起蓼莪心纏霜露攀風枝而永慟哀二親之不待陟岵
屺而長號痛百身之罔贖乃以今開皇十五年歲次乙
卯十月丙戌朔廿四日己酉奉厝於雍州始平縣孝義
鄉永豐里高岸為谷愚公啓王屋之山深谷為陵三州

塞長河之水懼此貿遷故以陳諸石鏡銘曰　白帝朱
宣寔粵金天西河良將張掖開邊永暉接響世挺英賢
賢哉上喆時人之傑夏雨春風松心竹節肅等霜嚴清
同氷潔司戎幕府作守敷陽蝗歸河翔珤見陳倉大夫
濟濟士實鏘鏘文龜玉印紫綬金章首僚驥足躍此龍
光必齊之姜必宋之子儼德高門家榮桃李行薾婦蕆
聲揚女史春秋代序春非昔春閱人成世世不常人精
華已矣空想芳塵疇日怛逝時屬屯窮蒿里倘隔黃泉
未通孝于惟孝追遠追終卜玆元宅穴此幽宮山浮苔
霧樹動悲風流氷噎水上月凝空悠悠自古冥冥皆塵

嘉慶己卯四月偃師段嘉謨訪出此石於武功縣之
南鄉移至縣署大堂南海吳榮光觀並記
銘字末句塵字與上東韻不叶當是同字之譌文中
歷作歷揖作揖參作叅機作機總作揔勘作龕苑作
菀敷作敷駿作駿惠作憓豐作豊璽作璽纏作纏攀
作攀罔作冈朔作朔賀作賀傑作傑寶作琉歲作歲
銘中樹勳悲風勳當作動論語書云孝乎惟孝友于
兄弟漢石經及皇侃本孝乎並作孝于此銘曰孝于
惟孝亦用古本可見乎字改在隋後矣

尼脩梵

故比邱尼釋脩梵石室誌銘并序　比邱尼諱脩梵俗
姓張氏清河東武城人瀛州刺史烈之第三女幼而爽
晤覩範閑明有同縣崔居士南青徒君之第五子以德
義故歸焉未獲偕老而君子先逝遂發菩提心出家入
道不意法水長流飙火將滅以開皇十三年八月廿三
日終于俗宅春秋九十有一十五年十月廿四日窆于
石室兄弟相撫貫截肝心烏烏之心終天莫報先王制
禮抑不敢過馮翊吉子才高學博請撰其詞式昭元壤
　畱城祚土趙都建国代育喆人門多通德王祖王父
育文育則駙馬期童褰襜述職載挺淑質天資柔惠渠

婦辭榮棄妻避世心遊正覺行依眞諦超彼勝津焉茲
善誓電多急影泡是厝緣形歸掩石神住開蓮春鶯朝
喚秋螢夜燃徒令搏泣匍匐空山

蜀王美人董氏

美人董氏墓誌銘　美人姓董汴州恤宜縣人也祖佛
子齊涼州刺史敦仁博洽標譽鄉閭父後進俶儻英雄
聲馳河洛美人體質閑華天情婉嫕恭以接上順以承
親含華吐艷奄章鳳采砌炳瑾瑜遊芳蘭蕙既而來儀
曾殿出事梁臺搖環珮於芳林袪綺繢於春景投壺工
鸝飛之巧彈棊窮巾角之妙妖容傾國冶咲千金莊映

池蓮鏡澄窓月態轉迴眸之艷香飄曳裾之風颯灑委
迤吹花迴雪以開皇十七年二月感疾至七月十四日
戊子終于仁壽宮山第春秋一十有九農皇上藥竟無
救於秦醫老君靈醮徒有望於山士惡此瑤華忽焉彫
悴傷茲桂蘂摧芳上年以其年十月十二日葬于龍首
原冥冥幽夜茫茫荒隴埋故愛於重泉沉餘嬌於元隧
惟鐙設而神見空想文成之術弦管奏而泉濆弥念姑
舒之魂觸感興悲乃爲銘曰　高唐獨絶陽臺可怜花
耀芳囿霞綺遥天波驚洛浦芝茂瓊田嗟乎頹日還隨
湲川比翼孤栖同心隻寢風卷愁幰冰寒淚枕悠悠長

曠杳杳無春落壞摧櫬故黛凝塵昔新悲故今故悲新
餘心留想有念無人去歲花臺臨歡陪踐今茲秋夜思
人潛泫泛神真宅歸骨元防依依泉路蕭蕭白楊墳孤
山靜松疎月涼壢茲玉匣傳此餘芳　惟開皇十七年
歲次丁巳十月甲辰朔十二日乙卯　上柱國益州摠
管蜀王製

蜀王文帝第四子秀也初封越王開皇十二年徙封
於蜀

陳詡

前陳伏波將軍驃騎府諮議叅軍陳府君墓誌序　儀

同三司周彪撰　君諱詡字孟和穎川許昌人也鴻基
浚序有虞之苗裔若夫姚墟誕聖嬀汭降神四門穆穆
八表光輝商均不嗣周聲胡公封建于陳因而命氏鴻
臚元方榮書魏冊徵士季方高著先賢自下蟬聯並聲
繡言史祖僧兗神情淡遠素風高奇齊輔國府行佐父
敭風儀峻懋雅有綱格歷至前梁儀同君幼而聰敏長
而好學博覽百家漁獵九部懸梁刺股手不釋書天才
儁拔思若有神文章□□動成部帙景純五色之筆江
淹用之麗藻王充五行俱下都市稱爲□□有集廿卷
爲世所重起家爲岳陽王雍州西曹轉府記室梁國蕃

周將佐送款武成元年授帥都督衛州東征王師失律軍潰附陳同旅督將七十二人並因俘檻屬陳相王曇頊初秉朝政虐示國威縱情好煞於望國門並害諸士君於刑所附啟自陳蒙咎貰死瀕刃獲生俄而釋禁策名預官授招遠將軍加伏波將軍俄遷驃騎府諮議□國云亡總管秦王招賢慕士迎還并州客禮厚遇辭老還鄉第二息孝騫昆季男女久違膝下忽奉慈顔悲喜不勝如從天落相率盡養日膳常珍則儀狄九醞何曾百品慾口釋心意恬如也同畢卓之酣歌慕阮孚之任放達無遺有釋假歸真所製終制非秦始之高墳是王

孫之羸葬乃遺命送終唯令儉薄不許立銘開皇廿年
九月廿四日卒於檀溪里時年七十有六五男五女男
則孝悌著聞居喪過禮女則柔和顯稱婉娩聽從以其
年十二月丙辰朔十八日癸酉歸葬高陽鄉之舊山式
鐫序誌用傳不朽　誌陰　君第二叔爽字寶明州祭酒
從事　妻太原王氏　第三叔子暢字彥舒法曹從事
妻滎陽吳氏　第五叔孝遷字祥敷梁鎮北府法曹
叅軍使持節驃騎大將軍開府儀同三司□江□□□
妻故章施氏並未入此山　第二弟詡字仲厚　第
三弟譚字季辯未入此山　孝騫所生李夫人長息孝

柴早亡未入此山　第二息孝鸞字裕閔　第三息君卿字闓護　第四息曜□字宏矣　第五息五斂字稚文　第六息思怙字幼集　長女禮閨適梁故儀同郭仲方息元預　第二女藏閨適陽平郡守大都西門忠息瑱　第三女斂閨適明威將軍文昇　第四女四閨適江東長沙王府法曹參軍王不巖　第五女善才心願出家安居大巖淨寺　君妻琅邪諸葛氏

姚辯

隨故左屯衛大將軍左光祿大夫姚恭公墓誌銘并序

稟軍內史侍郎虞世基撰文　太常博士歐陽詢書

刑　公姓姚諱辯字思辯武威人也導清源於嬀汭肇崇搆於軒邱世祿斯土五世祖泓爲晉所滅子孫播越居于武威曾祖讃撫軍左軍將軍武威太守以碩量偉才佐時匡國父寶散騎常侍鍾孕山川降神象緯爰而風韵開爽志節逼亮弓彈百步之奇劍敵萬人之氣馳名遂以才官入選周保定四年起家宗侍下士天和二年伐敵衝勝群帥見四公頻進奇謀竟弗能用乃以舟師先濟朝廷倣賴統營核公撫養士卒勸課農桑莫不家實食人知禮節保定五季從周武平定晉州摧殄高辟十二月進據并州既陷公獨爲後距轉戰不衰皇輿

獲安公之力也頻蒙優賞以累□□六年從定相州以
前後功授大都督封安養縣開國子邑四百户撿挍武
候兵事又命公隨上柱國既拔崇於武陟合戰又於野
馬□□相濟寔繁有徒公建旃巡征攝弓言邁摧鋒接
戰充著奇功大象□□户開皇元年授上開府儀同三
司進爵爲公增邑爲一千户自治所届即事戎車公誠
勇奮發義同闘外屢出奇兵頻摧醜虜建勛天府凡厥
賞賜散之士卒三年匈奴復入涼州詔以公爲行軍都
督前後衝擊晝夜攻鬬拔尉之井既枯將之泉又竭空
有思梅之歎以亾爲存策勳命賞理在不次五年授右

武候驃騎將軍霍去病之功蔑如也六年授雲州道水軍捴管戈船掩渚巨艦浮川河湀肅整匪曰崇墉綦峙貸堞相望邊柝弗驚控弦遠逝其年授使持節河中化若神明十年擬拔疊州捴管河州刺史行疊州刺史事公才略俊敏寬宏政教安民和衆於是乎在十二年轉授左武候將軍尋爲涼州捴管涼州牧邊烽寢候罷𤜲裝望風斂蹟十六年使持節靈州捴管諸軍事公頃俗易風移政成朞月十八年授原州道行軍捴管十九年授環州道行軍捴管公屢捴戎律特精邊事每秋風起塞胡騎揚塵折衝之任非公莫能大業二年授左武

侯大將軍進爵蔡陽郡開國公食邑一千五百戶大啓
皇邸欽明御籙睿聖纂圖特荷天眷恩遇隆重密勿禁
衛知無不爲乃與子□威等同進位大將軍左武候大
將軍如故三年以母憂去官其年有詔公孝性自天幾
於毁滅僶俛王事□□杖而後起四年以官方草創授
金紫光禄大夫上光禄大夫如故車駕北巡諸蕃朝朔
以舊典糺察整肅軍容乃令公建節旌門洞張内外肅
然事嚴細柳吐谷渾大保五期巨樂閼等率衆歸附使
鑾蹕西幸底定渾國乃以公爲鬱毘道將軍旗鼓所振
莫不摧殄俘獻授右光禄大夫左屯衛大將軍如故乃

獻凱朝廷禮崇備物六軍之長車駕南巡江都以公京
師留守職居爪牙任惟心膂出彌崇重朝野榮之大業
七年三月遘疾十九日薨於京兆郡春秋六十有六惟
公體量宏遠倡仁興義造次弗違屈己推賢始終同致
加以雄圖恢廓奇略宏遠氣有餘勇莫之與抗善於御
撫得士卒之心長於政術致廉平之美自入統禁旅出
総戎所夙夜匪懈簡在帝心至於徵友穆親輕財貴義
家稟誠孝奉以周旋訓與不善遠此歸全知與不知莫
不流涕粵以其年十月癸丑朔二十一日葬有詔故左
屯衛大將軍右光大夫姚思辯性理和謹秉心恭愼歷

任無玷式表哀榮可贈左光祿大夫又賞賜物八百段
粟麥一千石謚曰恭公乃爲之銘銘曰　長瀾若水遠
馥蘭風時賢繼及世德斯隆勤王成務啓覇垂功炳靈
不已元宮寘照濟鴈窮餘通猨盡妙蹶張選勇期門待
詔職分七萃官聯五營入[illegible]陪衛出擁高旍氾水兵略
常山陳勢卓犖明謀沉深節制功有必取筭無遺計累
膺恩寵顯赤身名埶恭履守滿持盈方陪紀岳遠佳城
遊魂不歸逝川何既春秋代遷徽猷永遠　祀掩　萬
文韶刻字

是誌趙氏載入金石錄原石久佚今行拓本皆近人

重刻字句頗多脫誤文中馳名下脫二字統營校上脫一字莫不家寘食多一食字克著奇功克誤作充晝夜攻圍晝誤作書將軍之泉又竭將下脫軍字匪曰下脫二字右光祿大夫光下脫祿字銘詞執恭下脫一字方陪紀岳遽佳城遽下脫一字其旁別有祀掩二字蓋紀岳之紀當作祀而遽下脫掩字也銘皆三韻一換惟營旌係二韻既遠二字不叶韻其中亦有脫句疑係重刻者芟棄殘字併湊而成非原誤也隋文帝改隨爲隋隋人書碑或別作隋隋亦有加辵旁者如此誌及上王夫人誌是也撰文之虞世基隋

書本傳謂煬帝即位遷內史侍郎銜與志合惰志無
廩軍之官或謂廩當作領然世基本傳亦未言其曾
居左右領軍之職疑撰誌時世基適有領軍之命廩
即餼廩之廩偶充是使故本傳未載而百官志亦未
詳及使職也姚辯之卒書於煬帝本紀其武功則託
是誌以顯誌敘先世有曾祖讚而缺其祖讚爲武威
太守所謂姚秦之後徙居武威實自讚始也誌中導
作導量作量攸作攸旃作旃户作戶析作析黽勉作
僶俛糾作糺旌作旍殄作殄脅作脅赫作赫執作執
金石萃編第四十一卷謂書丹二字始見于蔡襄書

晝錦堂記不知率更此誌已用之矣又唐大歷八年
文宣王廟新門記云裴平下丹下丹即書丹也又薛
稷撰沓冥君銘亦曰爲文并書丹皆在蔡記之先

元智

大隋故朝請大夫夷陵郡太守太僕卿元公之墓誌銘
君諱[redacted]字[redacted]智河南洛陽人魏昭成皇帝之後也軒
邱肇其得姓卜洛啓其興王道盛中原業光四表其後
國華氏譽瓊蕚瑤枝源派流分雋乎百世具諸史冊可
略言焉六世祖遵假節侍中撫軍大將軍尚書左僕射
冀青兖豫徐州諸軍事冀州牧常山王高祖素假節征

西大將軍內都大官常山康王曾祖忠使持節散騎常侍鎮西大將軍相太二州刺史侍中尚書左僕射城陽宣王祖髙使持節散騎常侍都督徐州諸軍事平東將軍徐州刺史宗正卿父𠢕使持節侍中驃騎大將軍開府儀同三司尚書左僕射華敷南秦并幽晉六州諸軍事六州刺史司徒公樂平愼王雖君幼挺奇資早飛令譽識鎮表於觀虎風流見於乘羊落落高標拱青松而獨聳亭亭峻節映綠竹而俱貞吐納美風規雍容善辭令通人仰其好仁僚友稱其孝友於是聲譽流洽孟嘗追群周保之四季詔擢爲左給事中士禁內清切王事

便繁許史之親乃膺斯授金張之寵方降此榮陳力效
官獨高前代天和四秊遷爲給事上士貴遊子弟寶符
東指之辟名士俊才不愆荀綽之記望袁淮而高視顧
蘇林而載馳建德元秊入爲主寢上士粤自居中遷于
内禁自非不言如子夏至愼若嗣宗豈能淑慎於否臧
無言於温木三年二月轉爲掌式中士君淸脩疾惡正
色讜言簪筆自肅於擁豪霜簡不吐於強禦故已聲齊
乳虎号擬蒼鷹官得其人斯之謂矣五秊四月以君婞
正幹觿遷爲司御上士時三方鼎足務在并兼既物色
賢人且資須良馬五監三令未易其人宣政元秊以君

功封豫州之建寧縣男邑二百戶其年八月又錄晉陽之役加使持節儀同大將軍大象二年又仍舊封進爵為子擁茲絳節擬上將之儀苴以白茅開建國之社尋遷少駕部下大夫資金日磾以謹養致肥武帝擢之中監百里傒以時使不暴穆公授以上卿望古儔今於茲為美開皇元年出為翕州武康郡太守公導之以德齊之以禮田餘滯穗路有遺金又進爵為伯轉儀同三司從格例也秉彼躬珪輝煥五等服茲袞冕照映三台九年授使持節扶州諸軍事扶州刺史十六年改授渝州諸軍事渝州刺史公頻剌二州申威千里抑強而惠鰥

寡舉善而矜不能猾吏無所竄其情姦盗不能匿其跡聖士慕承洪緒釐改荆州選任能官更授夷陵太守公肇膺嘉舉弥厲清勤巴硤暗居不■官燭王閑獨坐不發私書由是徵入爲太僕卿朝請大夫如故時逵遷令式贊弓矢揔騊駼之監長統昆■之令丞駟駿加鋭於軍容犧牲備腯於紫壇方當控兹入駿御彼六龍登柏梁而賦詩出上林而奉鑾而晦明之疾既湊膏肓之豎先侵大業九季扈從遼碣□月□日遘疾云亡薨于懷遠之鎮春秋六十有四嗚呼哀哉迺以十□年太歲乙亥八月辛酉朔廿四日□□葬于大興縣□□鄉□□

里禮也維公器局疏通神情秀上虛心以待物直已以明義不吐不茹正色正言面刺有汲黯之風[illegible]爭見王陵之節既而出宰牧守入作卿士奸吏慴其擿伏朝彥挹其能官重以知止知足維清維慎家餘海陵之粟既自足於餘粱室傳夏后之璜羌無乏於珎玩至於殘錢月給必均之於下吏祿俸歲受皆散之於親知斯乃公孫宏之高風晏平仲之清規矣仁乎不慭嗚呼惜哉嘗龜筮協從房賜行掩式鎸貞石用作銘云

巖巖其趾浩浩其源極天比峻浴日同奔鳳生鳳穴龍陟龍門煥爛珪璧郁馥蘭蓀爰啓常山迺建王爵振振趾定轔轔

跗蕚隸法南宫建期東岳衮黻委他蟬珥照灼太僕瑤
枝人之表儀六德孔備百行無虧邱陵難越墻仞莫窺
仁爲已任清畏人知執法主禝牧州典郡謇謇讜言洋
洋溢問虎去雉馳風和雨順政号廉平民稱惠訓靈旗
東指巡海稜威秉變作儁方儆乘機忽悲撤瑟俄驚復
綬龜謀空襲魚躍虛歸飄飄反窆眇寘陽魄永愴君蒿
長悲宅穸盖偃佰松鑪攢拱栢茂德洪名永宣金石

誌墓而缺其名使後人無考何也誌中聖主誤作聖
士餘粱誤作餘梁焄蒿誤作君蒿不■官燭統昆■
之令■爭見王陵之節每句空一字卒之月日及葬

日甲子與所葬之鄉里皆空格不塡蓋上石簽書者無其人也其別體字則瓊作瓊散作轍標作摽遷作遷寢作寑簪作簮衛作衛號作号婢作婢端作端邑作邑役作伇昔作昔肥作肥扶作扶鰥寡作鰥寡矜作矝孌作孌又作孌侵作侵葬作葬又作𦵏局作局牆作墻機作檅偃作偃低作低伍房腸行掩用蘂書霍光傳語光薨賜便房黃腸題湊各一具注便房壙中室也黃腸栢棺也謝惠連祭古冢文黃腸既毀便房已積此云房腸二者合言也古人有以一字爲字者元君字智亦其類也唐代各誌如李文字緯郭思訓

字逸智元字慶潛智昭字洛皆一字字而王訓字訓解進字進則又以名之一字爲字趙思廉字思廉劉元尙字元尙以名之二字爲字其見於史傳者此類甚多茲就是編所載者彙錄於此

元智妻姬氏

大隋故太僕卿夫人姬氏之誌　夫人姓姬■■也圖開赤雀文德暢於三分瑞躍白魚武功宣於五伐大封四十維城於是克昌長享七百本枝以之蕃衍蟬連史策可略而言曾祖懿魏使持節驃騎大將軍東郡■公祖亮魏使持節大將軍開府儀同三司燕州諸軍事燕

州刺史東郡徽公父翊周使持節侍中驃騎大將軍開
府儀同三司光祿大夫東秦州諸軍事東秦州刺史勳
晉降建四州諸軍事勳州摠管神水郡開國公夫人幼
挺聰慧早摽婉淑瑶資外照蕙姓內芳既閑習於詩書
且留連於筆研馬家高行終降志於袁門曹氏淑姿且
悦已於荀氏年十有八歸于元氏焉太僕弱冠登朝盛
播名德夫人亦虔供內職憂在進賢穆琴瑟之和展如
賓之敬天和四年六月籥拜建寧國夫人褕狄委佗光
膺典策衛佩昭晰肅拜朝榮於是輔佐以審官自防以
典禮送迎未嘗逾閾保傅然後下堂既而五福先虧六

氣多爽青要紊序奄搖落於穠華玉露金風竟摧殘於
蘭蕙建德六年六月九日遘疾云亡時年廿有九嗚呼
哀哉今以大業十一年太歲乙亥八月辛酉朔廿四日
甲申合葬於大興縣□□鄉之□□里禮也昔三春之
俱秀獨掩翠而先訣今百年而偕謝始同歸於共穸襲
金縷而長埋掩銅窓而永閟嗚呼痛矣乃作銘云　帝
嚳肇祖君稷分枝上觀星象下相土宜業隆在鎬仁盛
遷岐三讓至德九錫光施驃騎誠烈早飛聲問擁玆絳
節大督東郡開府堂堂忘情憙慍神水恂恂劬勞惠訓
有淑其德言容不迴星光東楚春芳摽梅六珈照日百

兩驚雷鳳飛金帳龍翔玉臺典篇總臨瑟琴方眺鸞堊翠帳忽辭華屋樺篋留挂巾匳餘馥志沮旦莊神傷晝哭昔日體齊早別春闈今茲合窆還共塵泥雙鳥輙隻兩劍終齊千秋萬歲永誌貞妻

夫人先太僕卒三十九年至是始得合葬誌不言其有無子息何也誌中蕙性誤作蕙姓晝哭誤作畫哭其別體字則隋作陏姬作姫賓作賔冊作册狄作狄佩作佩閉作閇喜作憙奩作匳馥作馥妝作莊鳥作𡒄

古誌石華卷四終

古誌石華卷五　　三長物齋叢書

唐一

太宗女汝南公主

大唐故汝南公主墓誌銘 并序　公主諱字隴西狄道人皇帝之第三女也天潢疏潤圓折浮夜光之采若木分暉穠華□朝陽之色故能聰穎外發閑明内暎訓範生知尙觀箴於女史言容成則猶習礼於公宮至如怡色就養佩帉晨省敬愛兼及左右無方加以學殫綈素藝兼鞶帙令問芳猷儀形閨閫□年□月有詔封汝南郡公主錫重珪瑞礼崇湯沐車服徽章事優前典屬九

地絶維四星潛曜毀瘠截形哀歸過禮蘭纊不能堩酪無嗞灰琯亟移陵塋浸遠雖容服外變而沉憂內結不勝孺慕之哀遂戕傷生之性天道祐仁奚其冥漠以今

貞觀十年十一月丁亥朔十六日下缺

汝南公主墓在陝西誌石未出此其草稿也無書撰人姓名宣和書譜海岳書史皆謂是虞永興書則亦永興奉敕撰也米元章嘗見墨迹因別臨一本好事者至以爲眞明刻玉烟堂帖內兩本並摹其第二本頗類米筆疑即海岳所臨唐書公主傳太宗二十一女汝南第二此云第三或長次中有早殤者史不具

爾長孫皇后薨於貞觀十年六月葬以十月庚申葢月之四日也誌中九地絶維等語卽指其事其曰貞觀十年十一月丁亥朔十六日則公主卒日也公主之卒距皇后之葬止十二日葢以毁終誌旣不全銘詞亦佚海岳見本十六日下有旁注小字云赫赫高門在裴丞相　卽其銘也然則誌銘在宋時已分藏二處而金石錄補謂近於常熟錢遵王處見宋搨銘文皆全不知所見又爲何本堙酪無嗞金石萃編云嗌卽鹽字之訛嗞乃滋之别體遂戊傷生之性戊當是滅謂以毁滅性也玉煙堂第二本以戊作成非是

又十一月月字不全丁亥朔十六日六字並缺

段儼妻文安縣主

大唐故文安縣主墓誌銘 并序　主諱口字曰隴西成紀人也夫天靈啓聖跡被崑崙之墟皇雄命氏道光華夷之士至於補元立極之功駕羽乘雲之業握瑤圖於景宿懸寶祚於貞闈其唯大唐者歟曾祖元皇帝被風化於墳枚始艱難於邠爺祖武皇帝升陑揩牧之振汾水襄城之駕卷懷列辟財成羣有父巢刺王訪珪旒奧壤戚茂維城靄楚澤之雕雲聚淮南之仙氣遂使哲華孕美結緣開珎景溢星潢輝聯珠發晨栖阿閣聲調丹

穴之禽夕指瑤池色飛青田之羽及其趍口蘭披澌口椒庭水移銀箭尙敷袵於師氏燈滅金羊已鏘環於内傳栖志圖史遊心幾律盻萋葉而興勤聽喈音而遺詖意匠言泉之旨飛雲垂露之端柳絮莛惌作起流鶯之賦月含花簟因裁擣衣之篇採拮纂組之規澄漠紘綖之務靡不思窮妍藻靈歸閑謐貞觀十五年正月五日封文安縣主脂賦開榮公宮徙訓乃以其月十四日降姻於工部尙書駙馬都尉紀公之世子臤儼華舒穠圃秀發天蹊逕兩生暈副笄增飾尸芳牖下既奉宣平之奠私娟諸姑還侍河陽之帶嬪儀載穆閨饋惟馨循淑

性於聽瓊韻柔情於琴瑟瞻霧霓而霞觴歌恍懌而長
懷朝露溢晞詎留光於瑤草秋風忽起空滅彩於瓊林
弄玉乘煙怨吹簫之徒巧常娥飛月痛仙丸之不追以
貞觀廿二年二月三日卒於長安頒政里之第春秋廿
六嗚呼哀哉惟主心貫淑慎體茂清明碧霜絳雪不能
渝其操秋菊春松有以方其質香名遠集何申式於芳
禰咎言斯屏每含辭於蘭氣信以黼藻中闈揚內範
淵人不永傷哉如何慫家道之無庇痛猶是之何託慼
里兼酸宸襟凝歎即以其年三月廿二日陪葬于昭陵
窀穸所由恩旨隨給周京歸賵寵切於前哀澶水會盟

事踰於昔禮湘川之下還見舒姑之泉鮒魚之陰方傳
貞女之硤探彤管之遺詠彫芳塵於不朽其詞曰　帝
降元圃宸居紫微金柯疊秀琁蕚分暉桂輪澄彩星津
結霏誕兹才淑克嗣音徽延慈丹禁稟訓彤闈綴珠爲
服雕玉成衣拂景孤唳淩霞獨飛婉娩其性逶迤其質
春緒含雲秋情儷日降嬪君子來宜家室李侄初華梅
林未實絜蘋芳錡心調友瑟鳥變禖祥熊虧夢吉顧莬
俄掩奔駒遽逸卜遠將及靈輀已巾音儀遂泯褕翟空
陳平原改色淸渭迷津埋龍毀劍碎璧侵塵佳城日黯
隧路泉新帷傷奉倩簟恨安仁一生何有萬里銷春

縣主爲駙馬都尉段綸之子婦綸尙高密公主夫婦陪葬昭陵志云縣主亦陪葬其地唐書載昭陵陪葬公主十八人而不及縣主從來金石家亦不載此誌誌中靄作靄禽作禽盼作盻妝作粧鶯作鸎徙作從帚作箒窈窕作窈窕徙作徙卒作卆戒作弍糊作精抑作抑貌作貌在作侹駒作駒潭淵避高祖諱作淵水世字直書不避太宗御名終唐之世世字皆缺畫作卅太宗時尙無是令也

漢司馬遷妾隨氏

故漢太史司馬公侍妾隨清娛墓志銘　永徽二年九

月予剌同州夜靜坐于西廳若有若無猶夢猶醒見一女子高髻盛妝泣謂余曰妾漢太史司馬遷之侍妾也趙之平原人姓隨名清娛年十七事遷因遷周遊名山攜妾於此會遷有事去京妾僑居於同後遷故妾亦憂傷尋故瘞於長樂亭之西天帝閔妾未盡天年遂司此土代異時移誰爲我知血食何所君亦將主其地不揣人神之隔乞一言銘墓以垂不朽余感籍銘之銘曰

嗟尔淑女不世之姿事彼君子弗終厥志百千億年血食于斯　褚遂良撰文并書

此蓋小說家因同州有褚書聖教序記遂託爲此事

而好事者遂為撰志用褚法書石以實之其眞僞無足深辨然其書特工石本傳流已非一日湘鄉令胡君鈞既摹聖教序記置於褚公祠因并摹此誌夫文人才鬼千古冥遇亦事之所有如係褚公眞筆應為作雜文記其事不應為作墓誌夢言髣髴墓於何存誌中亦未言及招魂設冢事則誌將安納唐人書墓誌銘誌或作志銘字間有作誌者清娛之姓或因士會受邑於晉則隨之族裔應為平原所有其以清娛命名則雅而不古矣清娛侍妾褚公後賢應稱太史誌中稱遷者四非體也姑與薛稷杳冥君誌並存之

以備誌墓别體又僑居之僑唐人書有作僑者此書作僑當係傳刻所誤僑與鄗通地名也或以喬高音近故假借用之歟誌云永徽二年九月尋判同州又曰君亦將主其地言將則未上之詞也於義亦不相應惟銘詞三韻以支真通用差爲近古耳

顧升妻莊氏

瘞琴銘 有序

嗚呼琴兮鼓者人亡則留爲虚器友之樂盡將頤而生悲莊氏字清卿明姿耀玉慧性旋珠垂髫而貞度山安待笄而聽辭泉涌蠶桑之暇癖嗜絲桐家有美材命工精斲音律既協性命相依年廿四歸于

琴卽爲滕春花芬而奏薰風秋月皎而操流水寢食與並好合弥徽纏及十年遽罹娩難春秋卌有四惜哉一息靡憑豈謂九原可作七絃無恙誰禁五内併傷乃以服御之具閉寘高閣瘞琴于山巓殉所自也唯埋軫弛絃希聲於太古濡翰勒石歆恨以千秋銘曰　生不逢辰兮人物棄捐音撤不遠兮南山之巓銘幽表湫兮有待他年　顧升撰書

般若波羅密多心經經文不録　顯慶二年八月一日莊字爲夫資福書　撿遺篋感深意福無靈人先棄勒貞珉還資施升載記

此石近日出土未知所在前爲顧升所撰瘞琴銘後爲其妻莊氏所書心經雖非墓誌亦壙中物也而莊氏生平亦略具矣殆即莊氏之墓誌也故錄之顯慶至今千有餘年夫婦合璧文字完好余有支琴古甎其記爲亡婦陳梅仙篆書而梅仙又嘗篆有心經一冊余亦將瘞甎墓側而刻其心經於石特不知身後之傳能及莊氏否也按顧氏爲吳郡望族則升當爲吳人而銘亦當出吳縣也

豆盧遜

大唐故駙馬都尉衛尉少卿息豆盧君墓誌銘 并序

君諱邈字貞順河南洛陽人也太祖武皇帝之外孫太
宗文皇帝之甥也原夫星儀北鎮氣雄□柳之鄉日域
東臨威震□□之□□□分玉板運圮金行盛王業於
雀臺肇覇圖於龍塞辟燕入魏既待□於□□□□□
□□成功於翼主故得門傳戈鼎業擅緗圖□宏散於
孤征□□□□□□□□□□□焉曾祖通洪州
摠管沃野公□□安道濟風雲□□□□□□□□
□□□□鹿於朱辦落鳴烏於玉輦百□既□□□
□□□□□□□□□□祖寬禮部尚書左
衛大將軍光祿大夫行岐州□□□□□□□□

口口口口口口口口海岳口靈辰象提氣口搖沉口凝映金口口口口口口口口口口口口口口口口口口而並馳榮數極於生前縟禮繁於身後公懷讓口口口口口口口口口口駙馬都尉衛尉少卿地望高華音容韶令家口口口室茂口口口口口口口口獨口口口之口君即衛尉第三子也親長沙長公主口口於口口分玉種於藍田口口口口口口光以動色彩澄飛月凝夜景以含口口口口稱奇髫初口口口戲馬口口口口口口材肇自口羊方究河東之美口口口口早歲獨茂重元口鳳口口口口口口口慈纏茹蓼痛切匪莪標氣就

淪口口之口口年代浸遠風枝之根罔渝口口口口
口口情尤切至若教成斷緯業就離經筆海浮天鏡琁
波於朴岳口口麗日口口於口口加以旟茂燕垂氣
淩河右弓懸明月穿蜜葉於楊枝騎轉浮雲散口口於
口口口口薦紳屬望披薜馳心猶决羽之仰丹烏若消
適之歸滄海口口寒口口口口於初華繁霜夜零剪
庭芝於芳秀嗚呼哀共粤以大唐顯慶四年四月十六
日卒於雍州萬年縣之常樂里第春秋二十有七即以
其年太歲己未八月己丑朔十八日壬申遷窆於萬年
縣少陵原禮也君口口口口口戚慶口生年口口之

口口口簪裾之會天資溫雅性與謙恭口口口口口之
心自得風塵之表口其英口口口口於明時盛德芳
華已淪枀口口長沙主口口口之口沉口口口之永碎
口口牛眠口葬薄謝鵕鷟馬鬣開封口口口故口口
口口口口口口口口口口口口口口口見滕公之白
日泉飛口口口口口口口口口口口必轉口口口而
嘶馬風鷩口口口口口口方口口口口口口口口口
口口口口口口口之永扇其詞曰　地隔紫口星分
栁塞山川眄響風雲晻曖口口口口口口口石辭
燕中山入代二公垂口一口前載就日摽華浮霄引概

衛尉口口芳口開口口移丹棘花飛穠李門慶斯來篤
生君子玉瑛方濯辟山齊美筆海鱗分詞林鳳跱日烏
空落藩羊暫擬謙恭神授孝友天成煙霞自重戈鼎攸
輕方游星閣奄閟泉扃將華落帶方秀摧榮百身何贖
千祀徒名帳引秋蟲檐飛暗翼畫棚朝列素騏夕急荒
隴況暉寒郊寫色口口遽返歸魂何極空餘素範方摽
懿植

誌凡九百七十字中有土暈圓大如盤文字剝蝕所
可辨者豆盧遜字貞順河南洛陽人太祖武皇帝之
外孫太宗文皇帝之甥也曾祖通洪州摠管祖寬禮

部尚書左衛大將軍光祿大夫父懷讓駙馬都尉衛尉少卿遜即衛尉第三子也其母爲長沙長公主以顯慶四年四月十六日卒於雍州萬年縣之常樂里第春秋二十有七即以其年八月十八日遷窆于萬年縣少陵原等語按豆盧爲代北著姓寬乃隋文帝之外孫入唐歷禮部尚書封芮國公謚曰定陪葬昭陵有碑存焉其子懷讓尚高祖女長沙公主遜即公主之子也唐書宰相世系表載懷讓子名貞松官宗正卿封中山公無遜名誌載遜爲懷讓第三子貞松當是遜之兄遜以早殁故不列於表誌中儀作儀總

作緫族作㫝滴作適寡作寡葉避太宗世字諱作𦵏
終唐之世從枼之字如諜牒媟蝶渫緤右旁皆作𣏟

泄紲字或作洩絏

令賓

大唐故口君墓誌　君諱口字令賓南陽人也帝顓頊之苗裔曾祖口口魏征西大將軍祖伯齊兆銀州刺史父口隋歷停縣並緫山岳之高節苞河漢之口口奕葉光華名流千載也君德懷邈遠志尚清居恬張議之憤口口口口口之貞粹行齊三涇情欣五柳隱不遂口痼由斯起炎風濫及先拂高花忽於顯慶五年十二月廿六

日卒於家第春秋八十有一但以死生契闊幽明有殊
即以辛酉之年月己酉之日葬河陽西北九里㝠㝠有
分賜之痛永永有莫覩之悲酸哽不紀其切刊石題之
不朽嗚呼哀哉乃爲銘曰　峩峩高德淼淼懷深志尚
沖寂榮位無心神情亮遠清居可尋道於時外名利何
侵舒散□倏放□倚沉痾疾回動大漸相臨死生□闇
運往無禁形雖忽謝永播芳猷

誌石缺一角不得其姓名曰令賓者其字也其曾祖
及父之名亦適當泐處祖名伯齊北銀州刺史北齊
書無其人令賓南陽人孟縣志謂此南陽非鄧州之

南陽孟縣在唐曰河陽南陽乃其別稱故曰卒於家許敬宗小池賦有通三涇之洋泌句此云行齊三涇狀其淸也非指關中濁涇而言誌中裔作褱冥作寘

張興

大唐故處士張君墓誌銘　君諱興字文起南陽西鄂人也漢太史衡之允胄昔靈表西豐留侯逮帷幄之筴星移東井常山興締構之功或師範萬乘照彰圖藉光臨千里煥炳縑緗異勳三台識司空之忠烈吟諸兩穗表太守之仁明奕葉簪裾蟬聯珪組覩矩重疊代有人焉緬究遺編可略而言矣曾祖璀魏冀州信都縣令紘

歌不奏羡化洽於一同鳴琴詎張仁風淸於百里祖風
周太僕寺主簿才能幹濟智略强明尋口辟除轉授瀛
州河間縣令父才隋楊州江都縣承輔弼風規俗流淸
化贊導名教邑致歌謡君裔系高華等琨瑶之良劍貞
褒纂組若靑邱之祥鸞義烈因心未資於典籍忠良天
縱不假於規摸崇有道之林宗慕無爲之李耳名利之
所不拘榮辱之期混一弓旂不應羔鴈無移道契虛元
性符高尙縱寂寥而賞趣持澹泊而怡神志道硏精非
邀鼎食窮微盡要詎徇輕肥潯性琴書吟嘯煙霞之表
時談物義進退木鴈之間妙欵榮期高符黃綺時游三

上二

佺作撫一絃以道義而爲尊輕蟬冕而非貴探賾幽隱
迴邁莊惠之機致遠鉤深遙鉗黃老之趣想秦晉之有
返見潘陽之代覲遂婚於辰州辰溪縣令漢陽趙徽之
女幽閑婉嫕中饋聿脩懿淑溫和母儀庭宇君纂業成
勞遇楊雄之痼疾淫書作瘵遭皇甫之沉痾氣擁膏肓
疾纏腠理屬華佗而不痊見扁鵲而無瘳以貞觀廿二
年七月廿七日卒於私第春秋六十有二夫人趙氏卒
於永徽四年春秋六十粵以龍朔元年歲次辛酉十月
癸亥朔廿三日乙酉合葬於故鄴城西八里禮也面平
原背漳浦左帶蕪城右連林麓刊茲元石紀以淸徽勒

彼鴻名光斯泉戶庶使靑山爲礪表盛德而弥芳瑤函
成田闢嘉聲而不泯嗚呼哀哉乃爲銘曰　規矩亞處
珪璋代暎三台表異兩岐興詠人倫指摸縉紳龜鏡百
代邇芳千齡弥覺道合幽元性苻林蟄迹菌滄波名流
臺閣貴不充誂賤不殞鑊思巧雕龍光逾刻鵠有謂昇
堂相期入室帷薄猶空繁華未實儵忽不幸咄嗟巳失
一棺既閉万事長畢茗蕘壟首嚦口山足露銷草翠風
飛樹綠元門一掩寒燈無旭私壙式題貞芳載燭

祖皮當是虔字因諱缺筆銘內隕穫作殞鑊岧嶤作
茗蕘則誤字也誌中四作亖揚州揚雄之揚作楊則

别體字也

古誌石華卷五終

古誌石華卷六　　三長物齋叢書

唐二

李汪

唐故上柱國果毅都尉李府君墓誌銘　君諱汪字光明隴西狄道人也昔樞電降祥允軒臺之遠構瑤光薦祉派若水之長瀾由是瓊萼敷華靄寰中而披葉覽條振穎疏海內以分柯亦有貳師將軍功來汗馬護羌校尉績著□□□□獲胄稱工聲高西漢龍門表峻譽滿東京舄奕於簪裾蟬聯於纓紼而已曾祖沖明魏本州主簿金城郡守元猷素範月亘霞軒綱紀百城威恩千

里祖爽周黃門侍郎使持節洮州諸軍事洮州刺史高
情覃日逸氣淩雲司鵷紼以馳芳建鳥旟而振馥父樂
淵周原州平高縣令肅州長史器局宏遠識量韶華政
弭中牟之蝗風振南康之鶴君承芳慧曉疊映冰壺綺
歲標奇齠年構嶷斂參元道理照黃中魚鈐豹略之譔
海牒山經之記靡不精窮玉帳奧極書臺奐然渥水騰
姿必超千里東岑照彩自蘊十城大業中起家授鷹揚
郎職司陛戟勤効周廬用簡帝心更遷右職大業十年
改鷹揚郎將既而俗反商□□□□□□□材爲晉用
於時長鯨未戮封豕尚殷魏公李密擁□庚以稱雄據

成皋而高視令君輕軺遠騖宣我國恩纔出宜陽便爲
世充所獲君方思報主且託僞庭引拜左龍驤大將軍
遂受世充驅策既而本圖不果函洛載清武皇特以宋
盟宥君殊死尋授左親衛校尉北門長上既司中壘之
營兼掌北門之重考績酬庸用光戎秩貞觀二年授右
武衛九嵕府別將十七年改任寧州蒲州府果毅都尉
隨班例也俄而禮非筋力挂冠之志獲申豈謂景落崦
峯□□之辰斯及以顯慶五年九月二十三日薨於隴
西里第春秋八十有三夫人安定梁氏隋鷹揚郎龍之
女高門鼎胄爍映一時懿德柔風儀型百代福鬵偕老

夙丁偏罰以大唐龍朔元年十一月二十九日合葬於
隴西郡曲陽陝安都之原禮也孤子等痛過庭而殞淚
念風樹而銜酸白楊悽兮雲日曉青山黯兮原野寒恐
緹緗之有蠹憑貞珉而不刊銘曰　胄軒延緒翊夏分
柯功懸日月賞懋山河扶疏賢葉淼漫鴻波遺風六□
□□□□□運逢戎馬時屬煙塵忠能奉主謀足解紛挾
纘綏衆蹈軍搏風始激落景俄下缺

是誌宋時出土趙氏載人金石錄

尼法願

大唐濟度寺大比丘尼墓誌銘并序　法師諱法願俗

姸蕭氏蘭陵蘭陵人梁武帝之六葉孫唐故司空宋國公之第三女也原夫微子去殷昭茂勳於抱樂文終起沛地峻伐于收圖瓌構嶠而臨雲珠源淼而浴日延禎錫祚開鳳歷於朱方曇慶聯規纂龍荷於紫蓋逮鼎遷南服胄從東周英靈冠上國之先軒冕宅中州之半法師乘回負刧植本遐生孕月仙姿稟清規於帝渚儀星寶態降淑範於台門襁褓之辰先標婉質髫齔之歲遷挺柔情聰晤發於生知孝友基乎天縱中外姻族莫不異焉加以骨相無儔韶姸獨立鉛華不御彩絢春桃玉顔含澤光韜朝蕣年將十歲頗自矜莊整飾持容端懷

撿攝每留神於鐘悅特紆情於紐組瓊環金翠之珍茵
簟衾幬之飾必彈華妙取翫閨闈麗而不奢盈而不溢
既而疏襟學府繹慮詞條一覽而隅隩咸該再覿而英
華畢摹豪飛入體究班史之奇文法兼二妙符衛姬之
逸迹尋藝式甄女儀逾劭宋公特深撫異將求嘉匹載
佇孫龍以光宋鯉而嚴庭垂訓早沐慈波鼎室承規幼
明眞諦飄花自雪初陪太傅之歡摘葉爲香遽警息慈
之念爰發宏誓思證菩提懼情塵於六禮乃翹誠於十
福承聞薦謁請離俗緣宋公論道緇端丹青神化霞襟
柰菀棟梁正法重瀍雅意許以出家甫及笄年爰披法

服乃于濟度伽藍別營禪次庭摽鴈塔遠甍娥臺藏寫龍宮遥嗤曾館于是浴室寐念龔慧藁心悅彼□衣俄捐綺縠甘兹蔬膳遷斥𦢊腥戒行與松柏齊貞慧解共氷泉蒡澈超焉拔類恬然晏坐若乃兄弟辦供親屬設齋九乳流香六銖含馥瓶錫咸萃冠蓋畢臻惟是瞻仰屏帷遥申禮謁自非至戚罕有覿其形儀者焉加以討尋經論探窮閫域覈妬路之微言括毗尼之邃旨至于法華般若攝論維摩晨夕披誦兼之講說持戒弟子近數十人莫不仰味真乘競趍丹枕傍窺淨室爭詣元扉肅肅焉濟濟焉七衆之仰曇弥何以尚也重以深明九

汝閱想禪枝洞曉三空澄襟立水獻此纏盖忽現身疾
大漸之晨謂諸親屬曰是身無我取譬水萍是身有累
同乎風葉生死循環晝夜然則淨名申誡本乎速
朽能仁垂則期于早化金棺乃示滅之機玉匣豈栖神
之宅誠宜捐軀鷲鳥委形噬獸斂襟正念奄然無言粤
以龍朔三年八月廿六日捨壽於濟度寺之别院春秋
六十三姊弟永懷沉痛不忍依承遺約乃以其年十月
十七日營空於少陵原之側儉以從事律也法師夙盟
禪池資慶源而毓彩□□道樹託華宗而降靈蘊地義
於閑和苞天情於婉嫕覩一善則怡然自悦聞一惡則

慾尔孜懷潋仁義於談端明色空於慮表故能辯台闇
託禪門捨七珍祛八勝精苦之行口映緇徒誡律之儀
鐳銖法侶佇津梁於苦海奄滅度於仁祠棣萼分華悲
素秋之改色荆株析幹望青枝而增感所懼塵飛海帶
將迷渭涘之塋石盡仙衣不辨檀溪之隧重宣此義乃
爲頌曰　道有殊稱法無異源爭驅意馬俱制心猿志
擾情豢神凝理存展如淋範獨趣元門琁彩星分瑤姿
月舉含芳槐路疏貞桂序雲吐荆臺霞霏洛渚學優班
媛詞彬蔡女奠禽匪志口口昭仁捐華台室沐道元津
法開門揵心衢屏塵九流遺累八定栖真忍藥今滋戒

香口烈傳燈不倦寫甈無竭奄愴神遷空悲眼滅式鐫
柔範終天靡絶

雍州金石記云石近出土移置西安府學余客西安時訪之無有矣法願爲宋國公蕭瑀之女梁武帝之後二世日昭明太子統三世日宣帝詧四世日明帝巋五世曰瑀至法願而爲六世其曰六葉避世字也瑀好浮屠法嘗請於太宗欲捨家爲桑門自度不能爲乃止法願及瑀子鉞之女惠源相繼爲尼於濟度寺蓋瑀志也誌中辦供作辨供考工記以辨民器注云辨猶具也營窆作營窆後惠源墓誌其標題亦作

神空蓋空之與空義同耳又徙作徙莊作荘毫作豪貌作皃苑作菀茂作䒿戒作戎冰淵避高祖諱作水泉緇錙作緇錯闗作開瀉搌之瀉作寫

李文

大唐故騎都尉李君墓誌銘　君諱文字緯隴西成紀人周柱史聃之後也原夫元鳥含靈□□克誕聖跡爰履𦬊女載生命氏開家其來尚矣至如□□樹姓焉自紫氣西浮瑤源已濬仙舟東汎玉葉□□可略言矣曾祖■齊金郡太守恤人求瘼雨逐車來□政□風鸞隨馬去祖究周任定州錄事參軍鉤深索隱懍風格以繩

違隤要採機肅霜毫紉綵父■幼承詩禮早奉金籯綺
歲談天齠年對月務舉晉王府參軍事君克劭肯堂載
揚弓冶昭明令緒澌郁家風時屬末隨不遑儒業所以
學未優聽志在前鋒應接義旗忠誠可紀錫以戎律賞
紀寵章授騎都尉方當矯翼雲路騁足長衢豈知天不
憖遺殲良奄及藏舟易往隙馬難留薤露一朝生平萬
古以永徽二年十月廿九日殁於私第春秋七十有一
夫人彭城劉氏閨門從訓斷織流慈既勖魚官還嗤馬
跡實相君子簪拔蒿藜何圖眉壽不終頹曦遽謝以麟
德元年二月二日殁春秋八十有二日以麟德元年歲

次甲子二月己卯朔十八日丙申合葬於同州馮翊縣武城鄉之平原禮也孤子武仁等追惟岵屺載想蓼莪面風樹以銜悲仰高堂而灑泣痛深曾閔酷甚柴由永薦氷魚長羞雪竹恐陵谷更貿桒海于遷敢勒遺塵式銘元石云尒　履跡孕靈指樹含生觴浮氣紫膺悅舟輕達人知足至理無名分枝迺聖弈葉惟英　天長地久人事推遷鶴書易促鵬識難延既騫山壽終奄瓊年風停郢斵波綴牙絃　一從蒿里四野蒼芒春雲結靉秋月凝光塋寒吹急隴晦煙長聊旌琬炎式紀遺芳

誌在同州府金塔寺金石萃編引金石評考云碑曰

公諱文而不言其姓蓋石斷而亾其半爾文休承題其幟曰李將軍碑考唐書及集古錄金石錄碑目皆無李姓名文者碑又曰夫人李氏禮不娶同姓則文似非李也碑敘官閥曰開國承祉得非先娶李氏而後文亦賜國姓爲李者與休承博洽不妄是以疑之萃編曰今觀此石未斷字亦未亡標題已著李君之姓其夫人爲彭城劉氏不知評考何以有不娶同姓之說疎忽甚矣余按文休承所題及評考所論乃僧大雅集王右軍書之吳文半截碑非李文志也吳文碑有開國承祉語爲此志所無若是此誌其姓雖缺

名字之下曰隴西成紀人周柱史聃之後評考亦何
待休承之博洽而後知爲李姓耶萃編議其疎忽正
以疎忽自居矣然而評考亦不能辭疎忽之責也吳
文碑曰惟大將軍吳公諱文吳字並未殘缺考古而
不求信於古物乃惟博洽者之言是從此其陋也此
其所以爲疎忽也文之祖突周書無傳父舉晉王府
參軍事而缺其名武授堂以爲晉王即高宗未爲太
子時封號萃編以爲隋煬帝封號由永徽二年文卒
時逆溯而上以萃編爲確王虛舟謂其書類王居士
磚塔銘疑其文爲上官靈芝撰而決其書爲敬客作

今按其筆跡與磚塔銘異盧舟之論亦未可據誌中聃作𨉖冉作冄究作穾籲作籥隙作隟卒作殌杖作扙藜作蔾羞作着隕作貟桑作来爾作尒汎作忛鶴作鸖斷作斷蕭霜毫而紕繆句脫而字唐代避高祖父諱昞字改丙作景惟此誌丙申字不避曰以麟德元年句曰當作粵發端之辭也後魏太公呂望碑其詞粵唐房彥謙碑迺爲銘粵皆以粵作曰粵曰雖皆語辭然用各有當惟尚書粵若借作曰此外無借曰作粵借粵作曰者皆書石者好奇之過也

梁某妻成氏

大唐功曹參軍梁君故夫人成氏墓誌　夫人諱渊維州渭南縣主簿第三女成肅公之後也原夫激瀾姬水驚瑶溢於崇宗分組漢京晰銀章於華棘曾祖琛隨任濟州東阿縣長祖貴唐任幽州永壽縣令咸以芳浹五陵飛雲柯以切漢聲雄百里曳花綬以交軒夫人承姿洛月誕魄巫雲温渊凝懷幽嫺恊操室善中積交百兩而妻高陽官銷外昭騰六行而嬪通德熟謂奄捐潘簟隨寶婺而冗星遽謝秦樓伴金娥而上月春秋廿有二以麟德元年十二月二日卒於隆政里第嗚呼哀哉即以其月十一日殯於終南山楩梓谷之阿乃為銘曰

賢條吐秀霓路楊聲三綱絢美四徳淑貞嬪則淑闈閨
序克明降年不永頹日遽傾秦樓黯昭蔡宇沉形風摧
曉婺霧卷晨旌路遷松野地沒泉扃斯令勒石終古芳
名

誌内沉作冗照作昭背刻者之誤孰作熟則書者誤
也

張對

大唐故張君之銘　君諱對字懷玉南陽白水人也祖
貴朝散大夫父素身有勳官潛居白屋惟君積善餘慶
始驗無徵構疾一宵遂殞秝弟粵以大唐亁封三年歲

次戊辰正月乙酉朔十七日辛丑春秋一十有七即以其月二十五日殯於龍門西平原礼也恐陵谷遷變滄海成田勒石泉扃傳芳永久

司馬興

隋故騎都尉司馬君墓誌銘　君諱興字文達河内人也自隆周御歷大漢膺期或公或侯蟬映於圖史允文允武紛綸於簡牒祖□齊上儀同務舉韓王府參軍事託乘梁蕃聯裾魏邸聲塵洽來葉光價騖當年父□隋任澤州濩澤縣丞弼宰絃歌嘉猷遠播翼綏黎庶令勣遐彰以貞觀二十年五月一日卒於私第春秋卅有

五夫人南陽張氏門風演慶載誕容華四德洽於毋師六義光乎女則豈期天道冥昧賦命循環薤露溘晞燭風俄逝以總章三年七月二十三日歸於蒿里春秋七十有二粤以咸亨元年歲次庚午四月癸酉同葬於河陽縣東北一十七里平原禮也俄摧千丈徒懷肅肅之音奄閟三泉空軫冥冥之歎懼桑田有變陵谷尙移故勒碑銘乃爲詞曰　荒源蕭里寂寞佳城泉門永閟地户長扃松風警邃霜月凝塋生平已矣空餘頌聲其一八火焚軀忽然歸故先塋盡龜卜居安厝神靈具飛遊魂還墓既返輀車寂然無怖其二九泉寂寂幽壙冥冥外離

周戶永別英聲翔鴻作伴狐兔盈庭下缺

韓寶才

大唐故韓君之墓誌　君諱寶才長安人也君德行著於鄉閭物義芳於隣里不謂天降痾疾漸加困劣名毉頻療曾不見瘳忽以咸亨四年歲次己酉十月朔廿九日卒於京城懷德之第春秋七十有三遂以其年十一月九日殯於京城西布政之原小嚴村之尨恐年代遷移墳將彫落勒玆玉琬以記其處乃爲銘曰　然君孝口莫不恭順生前著芳沒後留潤

唐人字多別體此誌唐作唐則別體之尤者也咸亨

四年歲次癸酉誌誤作己酉

杜某

周豫州刺史淮南公杜君之墓誌篆額　君諱■字■
■■■■■■■■■■■之後矣締構層華望仙雲
而連若木□□□浮潤海而接霄漢公天挺英靈神
資朗悊髫季卝秀綺歲含芳初舉茂才爲許州■■■
令懿德裁風美青鸞之儛化嘉猷徯俗光彩翟之依仁
政舉薰風興流天展又詔遷■■刺史諸軍事淮南公
被雲雨之膏液降霜霰之輕威匪将衛子育之恩庶彙
抱陶均之德褰帷千里衢歡何暮之謠露冕百城門嗟

來晚之詠過周社之傾覆會鼎祚之流移鹿散中原梟鳴宇縣高班厚秩屬喪亂而傾淪墨綬金章偶崩離而失主嗣子洪貴六人及孫恒周三人等藷耀珠泉潛華玉岫光逾月彩影爛星暉玉樹分榮聳亭亭於迴薄金柯引翠■鬱鬱於長林或則學贍文豐兵韜武略或則風雲在議金石斯懷珎謝玉而咸珎貴韋珠而並貴慨崇基之失緒浴峻趾之湮沉徘徊木鴈之間仿佯語默之致於是懷五慎佩九箴孝二尊篤三益咸以壑舟夜徙薤露朝晞天不憖遺溘然長謝以周天統二年終乎私第春秋八十有二以隨開皇元年十月一日與夫人

馮氏合葬於龍山[redacted]原里之禮也其地東窺邵埭
伐楚之迹猶存西迩滻城避狄之隍如在南鄰滻水神
龜游括地之瀾北瞰龍山仰鶴颰聳天之岫爾其珎木
葱翠嘉樹紛披是汝□之形勝荆楚之□□者焉曾孫
善達義節八人痛風枝而結思悼霜露以摧心遠謝貧
裘遐慙落構恐桑田變海陵谷貿遷耿介長淪芳菲永
歇勒兹貞石迺爲詞曰　承芳蕙苑誕秀清流□□開
屏懿德臨州夙膺風槩早歇英猷爰有嘉嗣遠謝貧裘
敬雕鎸兮貞石庶永播兮清修　大唐儀鳳二年歲次
丁丑五月壬戌朔七日戊辰雕堂功訖

是誌未詳所在金石萃編以龍山淮水攷之在今河南魯山縣楚屈完盟于召陵在許州郾城縣實爲魯山東境則杜君之葬在魯山志亦當出其地萃編謂誌中訛者二處一曰周天統二年終乎私第天統是齊後主年號非周也据碑前云遇周社之傾覆會鼎祚之流移則杜君實仕於周所謂二年者當是周武帝天和二年一曰合葬於龍山某原里之禮也据文當是某里之原禮也文倒互矣余謂杜君之卒尚非天和二年其曰周社傾覆鼎祚流移蓋指周之末造而言其二年則靜帝大象二年庚子歲明年即爲隋

開皇元年則杜君夫婦合葬之歲也至云某原里之禮也疑其倒互不爲無見然以余所見唐人誌石似此者甚多如折某妻曹氏誌云遷窆於金光坊龍首原之禮也張昕誌云窆葬於京城南杜城東二百步舊塋之禮也王静信妻周氏誌云以兹吉辰赴杜城東郊之禮也孫志廉誌云合葬我府君夫人於長樂原之禮也張安生誌云葬於龍首原之禮也王訓誌云遷厝萬年縣滻川鄉川原之禮也尼如願誌云奉勑法葬於長安城南畢原塔之禮也閻某妻張氏誌云擇地吉辰葬于長安城西龍首原之禮也汝南周

氏誌云卜兆于鄭城東南二十五里世業平原之禮也解進誌云權厝于私弟北二里原之禮也戚高誌云將窆之於石解皇父之塋右王首之墳原之禮也皆是如此此必無皆倒互之理自是當時有此文法習俗相沿一倡百和故操筆者未暇細審爾杜君卒於大象二年時年八十有二逆推而上其生當在北魏孝文帝太和二十三年至周武帝保定元年杜君年六十三矣則其初舉茂才爲縣令皆在北魏時至周而遷刺史爵淮南故誌以周豫州刺史淮南公標題也誌中諱字里貫及爲縣令刺史之地名皆空格不書

當是撰文者缺以俟塡其曾孫善達等漫不加察遂仍其缺摹勒上石致使數百年後誌石出土名字莫傳可爲子孫不學者戒萃編謂杜君葬在會山是已謂其居於會山則非也杜君嘗爲許州某縣令又遷豫州刺史其宦蹟皆附近會山迫至周社傾覆無家可歸遂卜葬其地非本貫也本貫在首行空格處未及塡刻耳誌中刺作剌偃作㒩庶作庻喪作㖻薤作韰爾作尒隕作貟雕營之營作塋

許洛仁妻宋氏

大唐故冠軍將軍代州都督上柱國許洛仁妻襄邑縣

君宋氏夫人墓誌 并序 夫人諱普主字令儀定州安
喜人也原夫元禽翽羽口有商之祚白翰騰驤肇承殷
之杞洎乎分邦錫社凝茂實於睢陽列國會盟秀芳華
於官度祖逸周開府儀同三司江州刺史永寧縣開國
公父濤隨左千牛備身永州長史柱國襲爵如故並位
光列宰名參上將褰帷楚甸副轄衡吳夫人名藹蘭閨
聲緐閨壼標梅覯止樛木承恩棒案申恭敬深饁野年
過蒲柳歲迫桑榆遘疾弥流遊魂岱錄春秋九十有九
薨于金城坊里第即以其年五月廿四日窆于龍首原
禮也嗚呼哀哉松風悽愴薤露蒼茫悲夜臺之永暮痛

佳城之未光乃爲銘曰　天開寶祚地啓靈源瑤華蔭蔚玉葉便繁偉哉先哲猗與後昆褰帷下邑露冕上藩其一四德標舉三從惠養淑慎居貞聲名厲響顏景西傾逝川東往塵玉質兮重泉遂埋魂兮幽壤其二

許洛仁以龍朔二年十一月陪葬昭陵有碑在醴泉縣儀門村洛仁卒年八十有五夫人年九十有九當卒在洛仁之後誌僅載窆之月日而不書卒葬之年今附編高宗末年誌首誌作鋕曝書亭集載唐貞元十五年濮陽卞夫人墓誌書誌作鋕正與此同又督作督邑作邑儀作儀靈作靈捧作棒蒲作蒱彌留作

弥流瘞作瘞

曹因

君姓曹名因字鄙夫世爲番陽人祖父皆仕於唐高祖之朝惟公三舉不第居家以禮義自守及卒於長安之道朝廷公卿鄉鄰耆舊無不太息惟予獨不然謂其母曰家有南畝足以養其親室有遺文足以訓其子肖形天地間範圍陰陽內死生聚散特世態耳何憂喜之有哉予姓周氏公之妻室也歸公八載恩義有奪故贈之銘曰其生也天其死也天苟達此理哀復何言

宋洪景盧邁容齋五筆云慶元三年信州上饒尉陳

莊發土得唐碑乃婦人爲夫所作其文曰云云予案唐世上饒本隸饒州其後分爲信故曹君爲鄱陽人婦人能文達理如此惜其不傳故書之以裨圖志之缺

案是誌無年月其祖父仕高祖時則因亦唐初人也今編附高宗之末

古誌石華卷六終

古誌石華卷七　　三長物齋叢書

唐三

田宏敏

唐宋州司法田君墓誌銘　君諱宏敏其先北平人也自虞帝承録派嬀汭之神宗陳恒制齊遂開國而為姓若乃錫土隆家之美賛玉帛於緗圖陳規獻策之謀著英猷於寶牒祖[illegible]玉山彝暎瓊萼流芳器纍珪璋質懷杞梓韞劉龍之英美躍僊驥之高衢彩匣韜輝金章絶韻詞林振穎筆海浮瀾秀氣烟高靈規聳見貞風[illegible]俗勁莭澄襟被揚歷而見徵應翹車而入聘隨章武郡功

曹父恭藍田孕質驪穴騰輝志岸沖清器該博物雄材
雋狀亘孔仞以逾高雅度汪深湛黃陂而彌浚名馳刈
楚德洽重幾隨高陽縣尉君英靈迥秀壯志遐騫玉韞
雄圖蘭風特振貞明絕俗雅道淹通藻籍雕龍聲充振
鷺濤辭雄辨陵酈子之鄉膺逸氣高談鄙蘇張之綏頻
洞該物務統六遂於周邦備曉公方館四入於鄉邑既
而奠楹構夢豎延凶寢疾彌留俄傾薤露以永淳元
年九月十二日殁於私第春秋六十有四豈謂服鵩掩
耀悲隙影之無留積玉沉輝泣晴川之永謝以口口元
年正月二十二日遷窆之於任邱縣西南五里本鄉禮也

其地東連博陵西叩金堤膏腴控其前平林亘其後嗣子務仙嗣孫神傑神沖承族等攖蓼莪之巨痛陟屺岵而長號扳罔極之哀荒抱霜荼而永泣恐以炎飛岱嶺庶梓域之長存岸谷遠遷冀松區之尚在其詞曰　承芳軒冑分裹陳成建邦啓土代襲英聲降生明哲雋乂馳名高軌運流景命乃傾詠生前之茂績刻嘉號於泉扃

誌出任邱縣採入河間府志宏敏卒於永淳元年九月葬於原缺二字元年正月高宗以壬午年二月改元永淳癸未十二月改元宏道無正月改元之事其葬當在

中宗嗣聖元年矣宏敏之孫有曰神傑神沖者大歷七年宋州刺史田神功冀州南宮人嘗郎宏敏之族孫誌中裔作寰續古文苑載此文曰分裳陳戚誤寰爲裳

王元宗

大唐中岳隱居太和先生琅邪王徵君臨終口授銘并序　季弟正議大夫行秘書少監東宮侍讀兼侍書紹宗甄録并書　於戲有唐氏作吾中遇而生姓王名元宗字承真本琅耶臨沂人晉丞相文獻公十代孫陳七過江先居馮翊中從江都其肇錫考系則國史家諜具

矣降年五十有五直垂拱二年四月四日順大衍之數
奄忽而終終後可歸我于中頂舊居之石室斯亦基而
不壞神無不在耳且伊洛之間遍昔者周南之域吾祖
上賓之地吾家得姓之鄉反葬中岳幾不忘本也樂好
長謝亦復何言示人有終乃為銘曰　馮馮太清悠悠
太寧混沌無我其中有精忽焉為人時哉乃形理通殊
感陰聚陽弁知常得性絕待忘情道無不在神無不經
幽傳秘訣獸往仙京万物其盡吾何以停歸于真宅此
室寘寘不封不樹無狀無名託體嵩石言追洛笙去来
十洞駈馳八靈風雲聚散山水虛盈谷神不死我本長

生

此王元宗自爲墓誌銘也臨終口授其弟紹宗紹宗別爲序文二百餘字加於元宗自序之首書爲墓外之碑刻於登封老君洞南今節去紹宗所加之序編入墓誌從元宗本志也紹宗字承烈見兩唐書儒學傳以能書名見張懷瓘書斷竇臮述書賦儒學傳云紹宗兄元宗隱嵩山號太和先生傳黄白術與此誌標題正合誌云晉丞相文獻公謂王導也大衍別作大衍吾祖上賓之地吾家得姓之鄉謂周靈王太子晉升仙緱嶺其地在偃師去嵩岳爲近晉之子孫以

爲王子之後遂姓王氏故唐之王氏多以晉爲得姓之祖是編所錄王訓王仲建等誌皆及之而是誌銘詞所謂言追洛塋亦指晉事也無狀無名名當作銘既曰無銘矣而又自銘何爲也銘作名後解進誌同

直垂拱二年直郎值字

龎德威

大唐故上護軍龎府君墓誌銘　君諱德威字二哥南安人也爵三方鼎峙王道申其爪牙六國權衡霸圖重其謀略泉源濬極遠泒靈長擢榦扶疏脩條茂公即其後也曾祖隆周任益州司倉叅軍事贊分符於玉壘

佐剖竹於銅梁仁教以之傍融政化因而遠被祖慶隨
任潞州上黨縣丞德宇奇廓器量奄深百里仰其成規
一同資其美政父師隨任廣州司馬嘉謨自蘊妙善非
因灑落風煙超攄雲漢輔分珪於五嶺道洽泣珠之鄉
揚别扇於三湘恩浹落星之境公則器惟瑚璉性乃珪
璋岐嶷表其齔年魁岸章其冠歲英姿桂秀天骨標奇
立行可模出言成範明明令德莫測其淺深滔滔雅量
詎知其遠近神機獨運吞鎮北於胸間智略兼人擠征
南於度内深衷海濬壯志山高學盡五車書工八體控
雕弓而屈右落鴈啼猨張空拳而啓行批熊拉武任以

三韓未附鯷壑驚波九種猶迷鼇津駭浪公荷霜戈而
奮武揮星劍以臨戎勇若鱄諸捷如慶忌遂授公勳官
上護軍酬勞効也昔叔敖知履尾之懼不受楚國之封
仲連怯觸鱗之威竟謝齊君之禄公深明止足之誡遠
識無厭之譏乃謝廟辭朝自樂馬游之乘追驩宴友方
欣陸賈之田怡怡弟兄恂恂鄉黨不謂輔人虛説天道
無徵二豎纏痾兩楹興歎名香何在唯增啓足之悲神
竈空傳詎免遊魂之怨以乾封元年十二月十七日寢
疾弥留卒乎私第春秋六十有八琴臺月上永息陽春
之音金埒風生誰控桃花之騎夫人王氏其先太原人

也侍中遊覽警魏闕以流芳將軍卧病開秦基而演慶
祖尙隨任銀青光祿大夫相州長史父暉隨任潞州司
倉並珪璋其質松柏其心履涅不緇淩寒轉潔夫人騰
姿月魄禀質坤靈道冠三從行該四德品搖空之舞雪
將妙因風辨絶響之哥絃懸明第次承巾奉食重德輕
纔禮逾晋缺之帷義越楚莊之室雖良人歷貫弥軒晝
眉之情而剋己明心以表輕身之詠豈謂百年難續千
月易窮倏奄夜臺俄辭白日以垂拱三年歲次丁亥十
月六日卒乎私第春秋七十有六單鳧獨逝已悽潘子
之懷兩劍雙沉遽切丁君之廳即以其年十一月辛酉

朔廿二日壬午合葬于四池之側禮也青烏獻兆寧惟千載之墳白鶴占原自應三台之氣孤子行基等仰蒼穹而無色擗黄壤以崩心痛結蓼莪哀纏陟岵恐山迴牝壑海變桑田爰紀芳猷式刊貞石其詞曰　惟岳降靈惟天降帛誕兹明哲信邦之寶式贊皇基爰扶帝造功成名遂身退天道其一昂昂挺秀鏘鏘雅士睨略公卿趺岩文史盛德推賢謙撝勉己妙閑韜略尤明官徵廿曰琳琅時稱杞梓其二易美家人詩光女則登機成素之田奉食海曲和鳴河洲比翼孝該龍水慎深攀棘月牖嬬帷含貞抱直其三匣中雙劍先後俱沉泉中壓玉地下

埋金荒郊引霧寒藍凝陰佳城鬱鬱逝日駸駸一歸窮
壤誰明恨心其四

德威字二哥以下文辨絶響之哥絃證之歌絃通作
哥絃則二哥之字亦二歌所通也非哥弟之哥後漢
書引哥永言唐書注引屈原九哥其見於碑版者如
北周華嶽頌云淸哥緩節唐孔子廟堂碑云猶鏘哥
頌張琮碑云哥兩岐于全吳蓋文達碑云仁風表于
弦哥杜夫人誌云而短哥之可作皆哥歌通用也又
誌中揜作揜鴈作鴈批熊拉虎避高祖祖諱改虎作
武尾作屗歡作驩纏痾作纒痾寖作寑湼作涅瘞作

塵誌敍德威之父曰揚別扇於三湘恩淡落星之境長沙布政司治後有落星石湖南通志及府縣志皆未及載始見於此

陳護

唐故朝請大夫陳府君墓誌銘并序　君諱護潁川人也昔釐降二女唐堯安洪水之災運策六奇漢祖免曰登之敗其後太邱之長道貫衆星河朔之才文光倚馬地靈相繼時英不絕曾祖並絕幹千尋斷山萬仞一邁發籯金之彩五車覽群玉之書君姿靈秀氣誕粹沖和澄雅操以霜明照清規而月舉踐義爲勇履孝成忠漸

礼義之膏腴嗣箕裘之聲訓藏器而逢乱代進德以及
明時爰屬義師整披誠欵拒鋒後殿擐甲先登雕弓挂
滿月之輝雄劒亘長天之色蒙授朝請大夫賞有功也
既而輕忽簪組踞傲泉石魚山騁望懷子建終焉之心
鵬海驚濤養孟軻浩然之氣惜乎浮生易夭七百之壽
未階飄忽難留千月之期行盡以上元元年終于私第
春秋一百有一夫人蔡氏即以垂拱四年正月廿三日
合葬於上畤鄉礼也子文德仰高天而垂弔蹐厚地以
縕哀悲舟壑潛移莫辯滕公之室海田斯變不曉原氏
之阡式誌陰溝迺爲銘曰　至矣夫君超然不羣事君

以敬在家必聞信者朋執義兼仁恩早霑舜雨夙奉堯
雲提戈杖劍掃祲除氛謀□□略功□大勳循路頓阻
昭代俄昏落祖光之□□□長夜之歸魂起寒烟於櫝
隧下白露於松門□□□□百代後寧知埋玉此邱墳

梁寺

大唐故朝議郎行澤王府主簿上柱國梁府君并夫人
唐氏墓誌銘并序　四品孫義陽朱賓撰文　五品孫
滎陽鄭琟書　君諱寺字師暕雍州藍田人也丕承帝
緒自雍墟而遐夏陽克勤王家由安定而宅京兆其如
葛氏昆季列於三方有類林家昭穆光乎十德至若衣

冠禮樂之盛烈廉孝賢良之儀表固已爲弈當代昭彰
季業者乎曾祖遵周泰州清水縣令遽縣相用勞逸兼
資重泉之聲載昌單父之琴斯洽祖殊隋監門錄事參
軍德以潤身學以從政八屯由其式序五校於是克隆
父桂皇朝奉義郎騎都尉識量夷雅風神耿介青田表
秀丹穴摛祥進而不榮安乎散列退而不野鄰乎湫隘
君承積善之餘祉挺生人之上姿因心而好孔墨抗跡
而齊曾閔縱王佐之奇表揚于王庭屈公輔之宏量薄
游公府咸亨四年授文林郎班例也日者東風爽候西
旅不庭三軍之坐用之資七萃興懸磬之歎君散陶凝

慮指囷推誠躬親餽餘之勞式周儲峙之務恕已及物下布人謠憂國忘家上紓帝念永隆二年恩詔授上柱國道光西漢已極武功之尊名冠南荆竟保昭陽之貴既而上僊興慕下代纏哀粱山降白鶴之祥畢陌啓青烏之兆君悲深考逝義切子来茂績顯於園塋豐功徹乎旒扆垂拱元年授朝議郎行澤王府主簿以枚馬之英規偶閒平之上邳英風扇乎蘭坂茂躅隆乎桂山東閣由是希聲西園以之藉甚豈期攝生謬理與善失常西山何高未接仙童之羽南溟尚遠翻墜化鵬之翼以垂拱四年十月五日終於長安懷德里第春秋卌有一

夫人晉昌唐氏名惠兒後魏驍騎將軍本郡守契之七
葉孫即故司農寺長樂監斂之第二女也巫山降祉巽
位摛精挺琬炎以成姿懷氷霰以淸慮纂組織紝之務
早擅女工幽閑婉嫕之規夙彰婦德恭謙娣姒宗族所
以推先肅事舅姑閨門由其作訓將以鵷鷺並騫常揆
影於仙樓不意龍劍雙沉竟違形於寶匣以垂拱四年
九月廿七日終於長壽里第春秋卅有六粤以其年十
一月十七日合葬于終南山楩梓谷口隋信行禪師林
側倍大父録事叅軍之舊塋由夙志也惟君器周大雅
德備中和敏殫衆藝好兼靈迹牟子博之異録勵思會

其情虞孝敬之奇記俯仰該其術黃金積釜鎮寫眞容白玉成田併開精舍夫人亦拟心貝葉屬思曇花幼彰龍女之功長契勝鬘之德婉茲嘉耦咸借慶於一乘偉彼好仇並歸神於八正其子景先等以爲形資業起業立則形存化以緣生緣亡則化息履霜增感豈若奉於遺音聞雷警慕罔可說於眞侶式崇寶構虔考勝因寄篆刻於幽埏庶飛芳於奪里其詞曰　霸秦支子始國于梁帝堯景冑必復其唐易代載德繼軌傳芳雅衍秦晉信叶潘楊其一於惟君子夙承家慶顯允夫人早摽門令笄鬌其德黼藻其性問望備隆容工兼盛其二身由業

立果乃因成其資有相並證無生入正覬想七覺馳情
德踰善德名益净名其三積善方融輔仁無准始驚炭折
俄看薪盡悲哉則豹騎連翔痛矣則螭軒接軫門庭兮
蕭索壚落兮淒緊其四哀哀鞠子慼慼遺孤共許勝地式
奉先䓓楠背臺於翠阜刻貞石於黃壚山山兮□塔往
往兮真徒其五

撰誌者爲義陽朱賓而題曰四品孫書誌者爲滎陽
鄭莊而題曰五品孫未詳其故孫氏續古文苑曰梁
朱賓撰誤以朱賓爲梁寺之孫矣寺卒於垂拱四年
十月其年方四十一歲此誌撰於是年之十一月安

得郎有能文之孫旦朱賓自署義陽鄭莊自署滎陽與藍田之粱寺隸籍亦各別矣誌中藝作埶蕭作簫庶飛芳於奪里當是舊里之譌

雷某

大唐故朝請大夫雷府君墓誌 篆蓋

是誌二石惟篆蓋一石完好其誌石磨泐僅存數十字不能成誦可辨者春秋六十有五以永昌元年十(乙)十三字夫人以總章二年十(乙)廿三⊙十二字蓋雷君卒於武后永昌元年其夫人則先卒二十年至是始合葬也

程元景

大周故處士程先生墓誌銘 幷序 先生諱元景字師朗京兆長安人也若夫道契儒林秀升騰芳於漢(乙)才光俊藪延休播美於晉時故贈絹傷離夫子仰先生之德擴威絶漠將軍獲武帝之口由是冠蓋蟬聯風徽不絶長波括巒高搆凌而渙圖史以銘功故可略而言矣祖愨隨朝議郎行涇州平梁縣令遡蝗感德躍卓茂之高風屬馬流仁酌羅含之懿範父散逸唐大丞相府朝散大夫義旗肇建率土咸賓褒德錫功穢斯散職惟先生風神警悟器宇虛明清(丙)露於秋而擢風雲於冬(乙)

仁能接物孝以安親三思後行季文子之高志去食存信孔宣父之清規晳淋夜許其雅琴阮嗣宗推其清嘯優游自得放曠無為所冀雲翳孤松偃霜巖而挺節豈謂風摧六櫝摩泉户以收榮氣掩如蘭既摧秊於晞露光沉若木俄促節於驚飈以長壽三秊歲次甲午月景戌朔九日甲午遘疾終于群賢里春秋五十有一嗚呼哀哉先生夙崇三業妙洞一乘然智炬於心田則迷途自朗泛慈航於慾海則彼岸攸登粤以其月廿二日景午葬於龍首原禮也有子彥先等趨庭闕訓陟帖無依踐霜露以崩心庶題珉而紀德其詞曰　崇基磊落

清泒淴汪贈緇傷別捧𡆠承光寒松比操秋桂同芳即色非色筌忌蹄忌川舟易徃隙駟難停雲愁偃蓋電激流旌啓黃泉於卜宅掩白𡆠於佳城歎秘門之一閉痛蒿里之長扃

誌中日作𡆠地作埊天作𠀑授作𥠢月作𠥱年作𠡦正作𠙺用武后新製字其別體字則程作程聯作聯遷作遷稽作稽學作學閉作閇丙午避高祖父昞諱作景午珉避太宗民字諱改作𤤯

梁師亮

大周故珎州榮德縣丞梁君墓誌銘并序

君諱師亮

字永徽安定烏氏人也若夫河汾濤渼大啓濫觴之源
豳雍林垌勃興拳石之址則有武威太守軒冕赫奕於
鄉亭并州刺史旌棨駢闐於門巷大父殊隨任右監門
録事顯考金柱唐奉義郎並行高州壤道蔵主侯揚雄
非聖之書我家時習方朔易農之仕吾人所尚君珠藪
夜光玉田朝彩張仲孝友早為立身之具夫子温良特
作揚名之本未嘗欺於闇室何謝古人固不怍於虛舟
自徛先達棲遲禮讓擯落驕奢弋釣邱墳耕耘道藝詞
包吐鳳傲三變而英峙字抱迴鸞雄一臺而介立聲馳
(乙)下辯振雲閭後進欽其領袖時輩宗其瑚璉起家任

唐朝左春坊別教醫生摭衣鶴禁函丈龍樓究農皇之
草經研葛洪之藥錄術兼元化可以滌疲痾學該仲景
因而昇上第屬龍庭卐滿鹿塞塵驚命將出師千金之
費逾廣飛蒭挽粟萬里之粮宜繼君戶庭不出聾甲匪
疲遙同轉輸之勤遂獲茂功之賞永隆二年以運粮勳
蒙穟上柱國既而欽明饗代官車晏出守文承歷園陵
繕修紀市功成寶憑子來之力穀林務畢仍覃發衷之
百垂拱二年以乾陵當作功別勅放選釋褐調補隱陵
署丞解巾從宦習效聿宣結綬當官幹能斯著秩滿俄
而上延朝譴授琊州榮德縣丞貳職千石贊務一同鑾

暇乂寧平人是賴終使悠悠墨綬方宏上艾之風泛泛
銅章行闈中年之化隨牒云滿解印言歸吹蠱餘炎纏
廹少城之埊遊魂永逝崩摧武山之石以萬歲通天元
年七𠥱二𡆠終於益州蜀縣春秋卌有七嗚呼哀哉即
以萬歲通天二年三𠥱六𡆠葬於雍州城南終南山至
相寺楩梓谷信行禪師塔院之東陪先塋也嗣子齊望
嬰號越𠥱擗慕弥年悲懷䘏之靡依慨舟壑之潛運黄
壚九埊始殷荒戀之情元夜三泉終藉鐫題之事乃為
銘曰　東京后族北埊邦君七侯馳譽三主揚芬瑞掩
金冊榮繁寶鐏聚諸隆盛曾何足云祖考餘慶英髦間

出嘯傲谿元乘淩崘(乙)溫恭宅性廉白成質譚恩漆書
儲精綠褻鴻陸爾漸龍門早昇聲敷寢廟智效園陵而
朝我聊縣道爲丞勣凝邊徼化協黎蒸還途未極生涯
遽已暝目他鄉歸骸故里新封暫啓賓御懆而野雲愁
舊壠長扃松檟昏而山霧起碑闕兮交映陵谷兮潛徙
所悲螻蟻之趣銷渝而塋之紀

誌在長安府塔寺官階郡縣潛研授堂二跋考證極
詳金石萃編云武威太守謂漢梁統并州刺史謂漢
末梁習乾陵高祖之陵隱陵太子建成之陵也父金
柱官奉義郎萃編謂唐書百官志有奉議郎疑奉義

爲奉議之誤前梁寺誌載父柱官奉義郎與此誌同必無皆誤之理又寺誌載祖殊父柱此誌載祖殊父金柱名位並同師亮與寺蓋兄弟也特寺誌父名脱金字耳寺字師諫師亮字永徽師亮之名蓋以字行者師亮卒於武后萬歲通天元年春秋四十有七推其生在高宗永徽元年改字爲名即以紀號爲字以識所生之歲其時武后改唐爲周矣字曰永徽亦所以思唐也如後袁氏誌其父大業仕唐而用隋號爲名亦不忘本之意然古人之無忌諱乃如此祖殊葬隋僧信行塔側故師亮及兄寺皆祔葬其地唐世佞

佛如裴行儉妻庫狄氏裴協律妻賀蘭氏皆以婦人而陪葬信行之塔則當時陪葬塔側者不獨梁氏一族矣誌中聖作髮初作壐國作圀用武后新製字餘見前誌

杳冥君

杳冥君銘　鳳閣舍人河東薛稷為文并書丹　悠悠洛邑眇眇伊瀍履移寒暑頻經歲乖丹壑幾變陵谷俄遷不覩碑碣空悼蘿煙其一　時代攸從寧窮姓氏匪辨□□誰分朱紫翠墳全鬱元扃亦毀久歇火風爰歸坐水其二　靈跡難訪莫知其狀彷彿夜臺依稀泉帳草積邱壠

松高巖嶂乃眷幽途弥增悲愴其三于彼北域是生荆棘
松劒猶存榆錢可識覽物流□□□太息欲致禮於營
魂聊寄言於翰墨其四　大周神功元秊丁酉歲拾匣壹

㊠

右銘摹入董氏戲鴻堂帖武后登緱山欲開石室營
壽宫發得古藏内有古劍銅椀五銖錢等物不知誰
氏之墓命以名曰寘漠君事見陳子昂集稷蓋奉詔
銘之也陳集作寘漠此曰杳冥名異而義同其曰松
劍榆錢即謂古劍及五銖錢也武后以萬歲通天二
年九月壬寅改元神功其年十月甲午朔壬寅是初

九日是銘作于改元後二十三日新舊唐書稷傳皆云爲中書舍人光宅元年改中書爲鳳閣稷爲舍人時正當作鳳閣史傳誤仍舊名也

古誌石華卷七終

唐四

袁氏

夫𤯔袁氏洛州永昌縣𤯔曾祖君𠙺梁秘書監太子詹事祖□隋秘書監贈上柱圀陽夏縣開圀公父大業唐海州郇山縣令以𨲢歷二𠦚十𠥱四𡆠□□卒於乾封縣太平里第以𨲢歷三𠦚𠙺𠥱十五𡆠權殯於長安縣龍首鄉龍首原

是誌不書袁氏之夫爲何人亦不詳其年壽子息僅載母家三代及卒殯日期蓋權殯急就之作非誌體

也唐書宰相世系表袁氏有名君正字世忠者仕梁
爲吳郡太守當即夫人曾祖秘監其贈官也誌缺祖
名表載君正三子長憲字憲章隋開府儀同三司謚
曰簡誌書祖爲隋官當即憲也表載憲子一曰承序
一曰承家無名大業而令郇山者承序兄弟皆仕于
隋或有入唐而改名者表僅載其原名故互異耳然
大業係隋年號入唐改名而用隋號亦謬甚矣誌中
人作𤯔月作囸用武后新製字人之作𤯔自此志始
前程元景誌長安人也梁師亮誌烏氏人也其時尙
未改作𤯔字前二誌月皆作𠥱其改作囸亦自此誌

始盡𤯔𠥱二字聖曆初始改耳圀𨲢𠦚𡆠四字見前誌

薛剛

大周故薛府君墓誌銘幷序　□元一詞　公諱剛字■河東𤯔也炎精爽馭土瑞摽基山海沸騰𤯔靈盪覆君遊弱喪遂為京兆𤯔焉公之先祖光華史冊公氣襲沖和姿摽孤秀陸沉𤯔隱捐利扂名而積善無徵俄驚怛化■𠦚■𠥱■𡆠終于龍首里第春秋■■族以其𠦚■𠥱■𡆠葬于長安龍首原禮也夫𤯔戴氏早喪而夫位居孀婦孤育稚子卅餘𠦚內不愧心外無慚影衛

姜陳婦謝德攀賢尋以■𠡦■𠥱■𡆠終于懷遠里第
春秋■■即以■𠡦■𠥱■𡆠權殯此原也子而讓等
行高曾閔孝若劬勞式遵異室之儀聿奉同衾之禮粵
以久視元𠡦歲次庚子五𠥱己酉朔廿四𡆠壬午乃遷
墳合葬即其原也蒼山激潘璟海楊塵勒茲貞石永播
良薰其銘曰　於穆幽靈生為隱逸聘于戴氏宜其家
室齊體合歡交臂相失今襯雖兩其墳是一永趍元夜
長辭皎𡆠勒夫珉璣傳乎英實

此辭剛夫婦合葬誌夫婦卒年月日皆空格未填剛
卒於妻戴之前三十餘年戴卒數年始遷墳合葬則

剛乃唐初人也誌中辥作薛剛作剛兆作兆旋作旋冊作冊攀作攀構作構讓作讓揚作揚穆作穆聘作聘雖作雖英作英珉避太宗民字諱缺作珉其埊乖匜(乙)而用武后字見前誌

馮慶

大周文林郎馮府君墓誌銘　王博撰　君諱慶字貞蕤冀州下博縣人也其源出自長樂郡北燕文成帝跋之苗裔曾祖于齊威檀二州刺史祖長隨平州盧龍縣令父才唐初深州錄事參軍惟君(乙)景凝祥雲光委曜望隆燕圀久標奇士之名家枕叢臺夙叶將軍之氣飛

聲下邑竊布鴻漸之由矯制上蕃無失□□之用乃穢
文林郎屬桂枝秋落俄鍾犯𠥱之妖薤草晨晞方嬰墜
露之慘唐咸亨四年五月■■終於莊第嗚呼哀哉時
權殯於下傅北三十里祖父塋內大周久視元秊歲在
庚子十𠥱二十𡆠改葬於冀州城西與夫人馮氏合葬
於平原禮也其銘曰　青烏卜塋元鶴孕珉南北神壇
東西露沼揚貞高於玉山播芳徽於筆杪

王美暢妻長孫氏

□□□□□□王美暢夫𤯔長孫氏墓誌銘并序　夫
生長孫氏河南郡𤯔也七族疏派十姓分源茂緒洪宗

光輝於圖史通槐烈棘昭絢於縑緗曾祖敞隨金紫光
禄大夫宗正卿平原郡開國公祖義常唐通議大夫華
容郡公或名高去病或聲重隱之作酌貪泉口論兵法
父朝散大夫懷州河内令瀛州司馬貳職十城道光於
展驥絃歌百里化孚於馴翟夫人蘭畹傳芳玉田瀉潤
禀三靈之淳粹挺四德之英姿敬慎禮儀允恭蔵訓闈
笄之年適于太原王氏三周既御百兩言歸琴瑟既諧
條枚是則藕銘椒頌燭耀於心田鵷綺鶴紋發揮於意
匠通閑仰其柔範列闔挹其清猷奩則勅拜成安郡君
尋除懷德郡君以德昇榮從夫錫秩既同石窌更似追

鄉塋歷元秊王府君止坐擬突奠榼俄及夫𤯔柏舟靡託葛藟無依志願形存景心搢既而浮休迴薄斡運推遷与善徒欺俄嬰沉痼瓊田靈草重遇無期西域胡香再逢無𡆠嗚呼哀哉以大足元秊六𠥱廿六𡆠薨于汝州私第春秋五十有四夫𤯔宿植得本深悟法門捨離蓋纏超出愛網以為合葬非古何必同墳乃遺令於洛州合宮縣界龍門山寺側為空以安神長子昕等孝窮塋義禮極而絰思切風枝哀纏霜露從命則情所未忍違教則心用荒然乃詢訪通𤯔敬遵遺訓遂以長安三秊（原空四字）梯山鑿道架險筆空藉石崇其基斲絮陳其隟

与而塋而長固等靈光而巋然乃爲銘曰 □奐洪緒悠哉闢閫遼河建國龍武開都山川演貺臣物英誕其一誕斯令德作嬪君子聲茂葛覃道超江汜調諧琴瑟譽芳蘭芷有光淑慎無刑愠喜其二 良臣捐臂樑枝靡託遺象竆寘堂闃蕭索閟水波逝虞泉景薄風勁蘭摧霜霏桂落其三寒驚嶺北日慘山西靈轜動駕哀輓凝悽松帷露泣柏帳風晞芳徽無泯而塋俱齊其四

宰相世系表長孫儆宗正卿平原安男其子无虎右監門將軍是誌云曾祖儆與表同祖義常与表異𡔈筭之季𡔈即初字武后所製筭當作弄

尚真

大周故居士廬州巢縣令息尚君之銘　惟君諱真字
仁爽清河郡丞呂望之後也春秋七十有七奄從風化
以調露元年八𠥱十九𡆠逝於鄭縣循德之里即以其
𠥱廿五𡆠遷柩於終南山雲居寺屍陀林捨身血肉又
收骸骨令於禪師林所起塼墳焉表生從善友之心殯
不離勝緣之境建崇銘記希傳不朽　長安三年歲次
癸卯庚申朔戊辰𡆠外孫宏福寺僧思之持建

是亦塙誌之類而題曰尚君之銘蓋誤以誌爲銘也
並不及其生平行實亦不書其父巢縣令爲何名僅

覬其捨骨禪林卽可希傳不朽唐人佞佛往往如是然其生平亦可想見矣誌中爽作爽柩作柩戊作弋

楊某妻杜氏

大周故杜夫𤯔之墓誌 篆蓋

故司稼寺卿上柱國楊府君杜夫𤯔墓誌銘 夫𤯔杜氏京兆杜陵𤯔也原夫赫就𡆠望雲降丹陵而毓慶朱冠白馬御冥道而標靈叅羅鳥之謀周列神羊之位備於方策可略言焉七代祖頊晉征南將軍武庫靈姿智囊神用通其變則□虵表異微而顯則麟至知歸曾祖勳左監門將軍善寶唐潮州海陽縣令父嘉猷唐務州叅軍體道居貞含章挺

秀瓊山嶽峙爰開抵鵲之珎碧浪川渟必亘探龍之寶
夫丕姿靈婉淑操履貞毅風舉芑榮川流蕙問名為不
朽聞杜氏之春秋𠡦則有行見楊家之輪轂承荎景既
征南之緒允克隆斷縡沉機關西之主饋斯在驚逝川
兮龍劍沒乘上𠥱兮鳳臺孤樹德從隣孟里以之為美
欽刑輟饋隽獄於是勝殘委霜霰而無改冒雷霆而不
懼信可傳芳史管著象甘泉者哉豈意拾翠而津与舒
泉而共沁薦桃仙樹將暮槿而同期呼嗚哀哉以長安
三𠡦五𠥱廿八𡆠終於豳州之官第春秋六十有三粤
以長安三𠡦十𠥱十五𡆠葬於雍州長安縣高陽之原

有子朝議郎行幽州司功叅軍事履行以滕下之恩無逮口澤之戀空存纏永慕於蘭陔結深悲於蓼徑茲夕何夕春非我春鬱鬱佳城無復長安之西翩翩舞鶴不聞京兆之而何脩夜之不晹而短哥之可作其銘曰

則天垂象就乙重輝在夏龍御居殷家韋靈源濬啟慶緒斯徽禮樂攸往衣冠大歸其一鳳簫參亮霜紈皎潔頌發春林韻浮冬雪丹霞濯錦素塵生棁琴瑟不流松蘿羅西其二日仁者壽彼蒼者而無聞靜樹空想寒泉蕪城閟景松架來煙未辨何日誰論幾秊其三

誌石曾見於長安碑估許家磨泐已甚茲就全唐文

及金石萃編各釋本參以意會得成全文其夫姓楊氏則胡竹安大令鈞所定也惟虵表上缺一字似用杜預爲蛇精事下文麟字則指預註春秋而言然虵在上聯第六字麟在下聯第五字微有參錯仍缺虵上一字以存其疑誌內就日望雲銘內則天垂象皆言杜爲堯後朱冠白馬用杜伯射宣王事赫謂杜赫周謂杜周武庫智囊皆用杜預事善寶上脫祖字陽縣上全唐文作海字今廣東海陽縣在唐隸潮州令山東海陽縣則唐所無也首行原泐夫姓題故司稼寺卿上柱國其夫衛也司稼寺卿即司農寺卿龍朔

三年所更誌中杜氏春秋指母家言楊家輪轂指夫家言征南緒允承上杜氏句關西主饋承上楊家句則其夫爲楊姓無疑也短歌之歌作哥見前麗德威誌嗚呼二字倒置誌中滕別作滕厓圀率匜〇而皆用武后新製字惟地不作埊或長安初地字仍用舊文耳

顏瑤

大唐故秦州都督府士曹參軍顏君墓誌銘　君諱瑤字瑤河南洛陽人也其先自隨以上載在史冊皇朝鄭州刺史振之孫秦州都督府長史思貞之子幼不好弄

甚有名節以門功解褐右千牛尋以秦州都督府士曹
參軍事天喪顏子人也其亡以景龍二年二月三日終
成紀縣春秋卌有二其年四月四日歸葬于雍州萬年
縣四池坊之北一百步焉禮也惟後遷換紀其年月銘
曰日夜不息東逝水今古同聲歎顏子玫瑰題芳無
極已

是誌磨泐過甚就誌中天喪顏子銘中今古同聲歎
顏子二語定其人爲顏姓而以殘缺之字可揣度而
知者計格旁書以成完誌唐有龐德威誌云合葬于
四池之側未詳其縣以此誌證之四池坊名在萬年

縣唐萬年今併入咸寧則麗誌亦出其地也

梁嘉運

梁君墓誌（篆額） 大唐故朝散大夫金州西城縣令息

梁君墓誌 公諱嘉運字子安定人也溫潤怡儀恭慤

令譽隨尊巡翟從父亨鮮騁思文場遊神學圃不意生

災聞蟻禍及巢傷積善無徵乃纓沉痼至總章三年歲

次庚午三月乙亥朔廿一日乙酉遘疾終于襄陽縣之

私第春秋卅四夫人潁川陳氏隆州長史之女也芳儀

春茝質茂寒松六行莫僭四德無爽既而奔駒易往浮

箭不留春秋七十有五以長安四年八月十五日卒於

安養縣之私第以顯龍三年歲次己酉十月甲申朔二
日乙酉合葬於襄州安養縣昇平鄉懷德里之原礼也
有恐桑海遷變蓮峯化墳乃祟藁菖遂銘其石詞曰
隱隱遥源坦坦平趾嬌嬌巖陵含章傑起道有虛盈人
非金石秋去墳孤春來草積白日徒照元扉詎闢
道光元年秋襄水北圻圻壞古墓甚夥碑石率散佚
僅訪得此誌及夏侯夫人墓誌有唐碑碣荆湖存者
益寡茲得二石是可寶也因請移置鹿門書院庶其
傳之久遠亦以告後之好古者隨時採訪焉海豐吳
世芬記

誌中儀作儀勤作懃定作定騁作騁攖作纓總作揔
朔作朔穎川之穎作頴愆作僭駒作駒易作易禮作
礼贊作賛纂葺作慕茸傑作傑烹鮮之烹本作亨唐
石經避肅宗諱省元亨大亨之亨皆作亨此誌在肅
宗前蓋俗字也

蕭思亮

唐故朝議郎行雍州長安縣丞上柱國蕭府君墓誌銘
并序　中大夫行薛王友顔惟貞撰　君諱思亮字孔
明蘭陵人也公侯慶緒鍾鼎華宗遠則文終翼漢功侔
於二八近則武皇佐梁業光乎三五英賢繼踵簪紱駢

輝詳乎史諜可略言矣曾祖翹梁貞毅將軍郢州刺史
新興侯祖季行皇朝尚食奉御貟外散騎常侍贈光祿
卿洪鄂等八州諸軍事洪州刺史武昌縣開國公竝才
兼文武秩榮中外郢中歌雪畫隼翻旟騎省連雲豐貂
曜冕象河洛嶽禮備於飾終列爵疏封寵隆於樹建父
溫恭修文館學生渝州司功參軍事譽光黌序位屈巴
賓未騁高衢先摧逸足君資靈上善稟粹中和言為士
則行成物範張華雅思拔奇藻於鷦鷯終軍洽聞摽敏
識於鼮鼠好學不倦綜涉羣言手自繕寫盈於簡素解
褐補益州金堂縣尉應雍州同官縣尉武功主簿乾封

縣尉長安主簿歲滿爲丞再歷畿甸三遷京邑職事塡
委剖之如決流爭訟紛拏鑒之若懸鏡嗟乎道長運促
時亨命屯未施構廈之材俄軫奠楹之夢以景雲二年
歲次丁亥正月卅日終於京崇化里第春秋六十有七
嗚呼哀哉即以其年二月景子朔十五日庚寅遷窆于
神和原禮也夫人譙郡觖氏左金吾將軍元逸之女柔
婉成性言容具美以景龍二年九月十三日寢疾而終
嗚呼哀哉龍門之桐始半生而半死襄城之劒竟先沉
而後沉同穴有歸雙魂是祔嗣子逖孔門之鯉幼即聞
詩楊氏之烏童而擬易求極庭闈之養遽纒屺岵之悲

擗厚地而崩心訴高穹而泣血期我以先執託我以斯文僕也不才義深僚舊追感平昔承睠無從敬述芳猷誌于幽隧銘曰　元烏降祥克生于商枝分葉散源濬流長載誕明哲如珪如璋夷險共貌寵辱齊忘文含綺繢學富縑緗揭來居位其道彌光孰云與善奄歎殲良馬鬣開隧龜謀允臧松門萬里兮銘鑱魂於此地春蘭秋菊兮應萬古而逾芳

誌云遷窆於神和原其地在咸寧縣南三十里亦曰神禾原和禾語之轉也西安府志引劇談錄云晉天福六年產禾一莖六穗重六斤故名神禾其說殊謬

神禾之名唐已有之見僧思恆誌安得云石晉時始以神禾得名思亮卒於景雲二年歲次辛亥此云丁亥書者誤也誌爲薛王友顏惟貞撰當即惟貞所書惟貞字叔堅魯國公真卿之父嘗從其舅殷仲容受筆法以能書名薛王者睿宗第五子惠宣太子業始王趙進王薛以好學聞惟貞爲之友蓋東宮屬官也夫人熊氏誌作能氏左氏春秋晉侯夢黃能釋文云熊亦作能瞼眼弦也志云承瞼猶言承盼也

陸元感

大唐故朝散大夫護軍行黃州司馬陸府君墓誌銘

朝議郎行右拾遺靳翰撰　君諱元感字達禮吳郡吳人也昔者舜嗣堯歷協帝初以關門田育姜姚賓王終而有國其後傳侯於陸開錫氏之源作相於吳纂承家之秘元德之緒奠京於代曾祖慶梁官至婁令入陳三辟通直散騎侍郎皆不就祖士季陳桂陽王府左常侍隋越王府記室皇朝太學博士宏文館學士父謀道皇朝周王府文學詳正學士並茂稱奕代餘慶資身擢慧葉而增芳飛靈波而益濬去官辭辟語默稱賢函席曳裾文儒繼美君生而敏慧長而溫良識清朗而惟深體矜重而不野宗族愛而加敬鄉黨狎而愈恭始以資

宿衛解褐韓王府參軍事以丁憂去職服闋值國討狄軍出定襄戎幕擇材君爲從事文武吉甫斯人之謂歟尋爲婺州龍邱丞贊貳有能風俗時變遷睦州建德和州歷陽二縣令育人去殺訓物齊禮子游絃歌武城歎其焉用仲康烏獸中牟稱其旨及尋加朝散大夫除黄州司馬到官未幾以神龍三年七月二十日遘疾而卒春秋七十有五天不與善神無福謙不其悲哉粤景雲二年三月初一日葬於崑山禮也初文學府君以善班固漢書勅授舒王侍讀君少傳其學老而無倦此易所謂幹父之蠱詩所謂聿修厥德者也嗣子南金等哀纏

罔極孝思卒至卜兆是營封樹特永憂陵谷之變託詞
頌休銘曰　簫韶儀鳳觀國賓王我祚光兮東有齊土
南入吳鄉我族昌兮自君嗣業履素含章我譽臧兮內
遊藩邸外掃戎場我才揚兮爲丞與令化洽三方我人
康兮天子命我我朱孔陽佐平□兮美志未極盛圖云
亡訴穹蒼兮碩德休問地久天長永無疆兮

郭思訓

唐故孝子朝議郎行大理司直上柱國郭府君墓誌銘
并序　公諱思訓字逸太原平陽人也昔姬文作周運
璿璣而一宇宙彌綸命氏錫介珪而列山河礪爲國師

燕臺竭起誕降人母金穴擴開廿緒蟬聯公侯克復曾祖興周上黨郡守平東將軍青綬登朝朱旗絳野執霜戈而問罪方蕹水而澄心祖則隨淮陵郡守度支郎銀青光祿大夫□金貂而伏奏凫舄將飛齊亂繩以臨人牛刀自解父敬同徙居洛陽今為洛陽人也幽素舉及第以孝不仕弄鳥承顔恥毛生之捧檄懸雞就養式茅容之致餐不屈道而期榮穆真風而自逸公乹綱之精融窖泉潔學以天授言以行成襲門緒解褐睦州建德縣主簿應吏職清白舉及第轉滄州樂陵縣丞南郡地狹屈仇香而佐時六安路遙坐桓譚而不樂敕除溫王

府兵曹叅軍事轉太子典膳監芙蓉暎水攀桂樹而逢
仙蓮蕭□□坐搖山而和鼎應孝悌廉讓舉及第勑授
大理司直灼□□方閱爭其正哀敬折獄對霜練而論
刑上帝弗爾泣丹毫而書罪彼蒼不弔殲我良圖以景
雲二年九月十三日寢疾終於長安醴泉里之私第公
孝友溫恭文行忠信哀昊天之罔極式閭巷以光時蔭
棠棣而聚星肅閨門之有禮奄棄於代與善何徵辭北
寺之榮班儁車長謝塋東周之故里旅櫬空歸夫人清
河張氏平陽柴氏並穠華貴春輕雲蔽月結縭作儷乘
旭鴈以移天釆蘋是羞應鵲巢而主饋昔時南斗兩劍

卜葬今日西階雙魂共穴以景雲二年歲次辛亥十二
月辛丑朔十五日乙卯遷合于洛陽北部鄉之原陪塋
先塋之土地禮也爲卜地白鶴禮墳桂酒蘭肴無復
平生之賞佳城鬱鬱空餘冥漠之悲嗣子審之弟雍州
武功縣尉思哭竝號擗踊瀝泣摧心長懷陟岵之哀
永結在原之思嗚呼哀哉迺爲銘曰　榮寵之緒累代
重昌其人如玉邦家之光淑慎柔令德裕巖廊士林蕭
索人之云亡寒郊慘澹山雨冷冷扃閉兮宿草荒

誌在洛陽出土家藏此石下殘思識亦有墓誌兄弟俱
應孝悌廉讓畢可想見其家風之美金石萃編載有

大中十二年[illegible]誌之云葬於龍山鄉江上里庚向之原萃編云葬用某某 是今堪輿家羅經之術始見於此郭氏此誌在楊筠松前一百四十五年其曰陪葬先塋之壬地即羅經法不始於楊誌矣其後戚高志云王首之壙原宋韓愷誌云用丙穴以葬愷趙之才妻牟氏誌云遷孺人於經難壩艮山下皆此類也誌中淵潔避高祖諱作泉潔罔別作囦

馮貞祐妻孟氏

唐將作監主簿孟友直女墓誌 幷序 女十一娘字心河間人也年十九適馮貞祐敬樞如賓禮優侍櫛雖靡

他之誓將圖於同心而与善之徵竟虧於異物嗚呼哀
哉春秋廿以開元一年七月廿日終于洋州興道縣廨
舍開元三年四月九日葬于陳倉縣之新平原禮也惟
父与母恩深骨肉痛切哀憐方備儀於幽隧用留念于
終天迺為銘曰　天道懸遠神理難明嗟彼淑譽淪乎
此生荒埏月照古樹風驚人誰不死尔獨傷情
誌在寶雞縣丞署乾隆己卯年出土舊有篆額題唐
故馮氏婦墓誌之銘九字今佚矣書有晉人筆意文
即其父孟友直所爲卒以開元一年稱元年爲一年
始見於此

古誌石華卷八終

古誌石華卷九　　三長物齋叢書

唐五

胡佺

大唐處士故君胡君墓誌并序　君諱佺字尚真安定人也遠祖曰宦遂居介休夫懷椽是佐鎔胡綜之文章清白知名見胡威之父子光兗懿烈不替先風簡誅詳諸可略言矣祖買隋孝廉舉文林郎幼洽詩書長崇禮樂太初玉樹夙擅家聲韋氏金籝遷昇高第父端養素不仕情貪野薜志篋裘裳道王业琴跡存山水君濯濯儀形汪汪軌度珠胎孕月光彩絕倫蘭若銜風幽芳自

遠鄉里稱善喻彼少游文籍自娛同夫孟陋遺累鄉滓傲性煙霄爵軒不介於懷寵辱不驚其應歲臨辰巳鄭康成於是云亡月犯少微謝慶緒俄而致殞春秋七十卒于私第夫人石氏穠荷比秀美箭齊貞宜其室家和如琴瑟翰林之鳥始雙飛而隻飛龍門之桐俄半生而半死嗣子懷爽懷玉岵屺長違霜露增感粤以開元三季歲次乙卯龍集單閼十月巳酉朔廿五日癸酉遷窆於介休縣東廿里平原禮也縣上山旁昭餘澤右懼陵谷而驟易思封樹而永懷乃為銘曰　盤根安定散葉汾壖乃祖乃父光後光前惟君莭槩業尚虛元鬼瞰庭

字烏鳴座筵不逢石髓俄歸玉泉一闕邱隴長嗟逝川
誌首標題不曰故處士而曰處士故君敘先世曰胡
綜者見三國吳書綜字偉則爲吳主權典文誥策命
鄰符皆綜所造史論曰綜以文采見信任辟之廣厦
其榱椽之佐乎曰胡威者見晉書字伯武與父質俱
以清慎聞前蕭思亮誌有龍門之桐始半生而半死
句此文亦有是句葢唐人作文已有活套轉相剿襲
要知此語尚不始於思亮誌也誌中居作尻錯作錯
胎作⿰舟台孕作孕粤作粤道王业琴王郎旺字业郎邱
字言修道而鼓琴於邱壑也今郎介字

裴某妻賀蘭氏

大唐太常協律郎裴公故妻賀蘭氏墓誌銘 并序　夫人賀蘭氏曾祖虔隨上柱國祖静皇朝左千牛父元悊潞州司士並宏翰深識布聲於代夫人即協律之姑女也童姿粉妍笄態瓊淋惟德是与乃嬪我裴公宜其鏘鏘和鳴晏晏偕老女也不憖天胡降灾綿聦沉痾三次其歲洎大漸移寢於濟法寺之方丈盖攘衰也粤翌日奄臻其凶春秋卅有四即開元四年十二月十日至十九日遷殯於鵄鳴堆賓陪信行禪師之塔禮也夫坦化妙域歸真香堂斯之冥果則已死量有子太元等或孩

提而孤擗摽以泣嗚呼生人之至艱也裴公傷奉倩之
神痛安仁之篇圖範貞石俾光泉門銘曰　芙蓉翩兮
蛟龍質梧桐枝兮鳳凰匹天何爲兮降斯疾俾雄雌兮
歡不卒延津女牀奄相失千年万古哀白日
夫人卒年四十四其夫裴公尚在誌不言與寺僧有
何瓜葛而病則移寢於方丈歿則陪葬於禪墖恬不
爲怪且以爲禮也唐世士大夫之佞佛而不謹於家
政如此明趙崡游城南記云百墖寺本信行禪師墖
院山畔唐裴行儉妻庫狄氏葬墖尚存唐書行儉爲
安西都護在麟德二年是誌作於開元四年相距五

十載矣協律未詳其名當是行儉子姪以行儉妻厙狄氏先葬信行塲側而賀蘭氏因而祔之也誌中鴖作鵶匹作匹禳災作攘衰禳作攘說見後裴稹誌

馬懷素

故銀青光祿大夫祕書監兼昭文館學士侍讀上柱國常山縣開國公贈潤州刺史馬公墓誌銘并序　公諱懷素字貞規本原扶風其先自伯翳馬服具諸史載暨漢南郡太守融命代大儒公即其後也十一代祖機抗直不撓晉御史中丞息元帝渡江家南徐州丹徒故今爲郡人也代以學聞高祖涓博綜墳典仕陳爲奉朝請

曾祖法雄慷慨倜儻好孫吳不事筆研陳撰楚將軍祖果順順學禮經不隕素業即學士掘之從父兄也少為尚書毛喜所知陳本州文學從事父文超果行毓德精意易道及洪範頗曉氣候貞觀中以有事遼須策名勲府龍朔初黜陟使舉擢授江州尋陽丞棄官從好遂寓居廣陵與學士孟文意魏令謨專為討論具有撰著公即尋陽府君第三子也幼聰穎六歲能誦書一見不忘氣韻和雅鄉黨以為必興此宗十五徧誦詩禮騷雅能屬文有史力長史魚承曄特見器異舉孝廉引同載入洛口尚書倉部郎河東裴炎之博學深識見名知人音

旨儀形海內籍甚公年甫弱冠便業引汲令與于口研
覃遂博遊史籍無不畢綜以文學優贍對策乙科乃尉
鄜無何丁太夫人口口憂即陳學士宏直曾孫女也本
自名家貞高博識公在艱疚骨立柴毀殆不勝喪服闋
授麟臺正字少監京兆韋方直好學愛士善飛白書以
公既及冠禮未嘗立字遂大署飛白云懷素字貞規扶
風之學士也封以相遺其為時賢所重如此以忠鯁舉
左鷹楊衛兵曹參軍轉咸陽尉昔則天太后大崇諫職
授左拾遺深盡規諷尋改左臺監察御史歷殿中彈糺
不避強禦加朝散大夫轉詹尹丞朝論稱屈遷禮部員

外郎與范陽盧懷慎隴西李傑俱以清白嚴明分爲十道按察以公詞學贍洽精覈文章轉授考功員外郎修文館直學士遷中書舍人與李乂同掌黄畫踰年擢拔吏部侍郎實允僉屬朝廷以刑政所急改授大理少卿闕畿佇材除豳州刺史惠實在人入爲太子少詹事判刑部侍郎加銀青光禄大夫兼判禮部尋而正除刑部時稱慎恤轉户部侍郎上以河南螟旱令公馳驛賑給宣布聖澤所至甘雨使迴拜光禄卿遷左散騎常侍轉秘書監四部舛雜頗多殘蠹公備加校定廣内充積加兼昭文館學士與右散騎常侍褚无量更日入内侍讀

每至宮門恩勑令口小轝上殿自車丞相已來殆將千
載始見此禮公嘗日自序云慕善嫉惡好學潔己自謂
不慙古人無負幽明矣直哉是言不爽厥信以開元六
年三月十日遘疾中官遣御醫賜藥相望道路以開元
六年七月廿七日終于河南之毓財里第春秋六十皇
上輟朝二日舉哀口次乃下制曰存樹高烈君子所以
立身没垂令名古人所以貽範銀青光祿大夫故祕書
監兼昭文館學士侍讀上柱國常山縣開國公馬懷素
越箭含貞楚材登用清芬獨映至德可師自服勤典籍
納訓帷扆輔政以㣲道弼予以正言允資惠廸實表泉

懿而曾不憖留歘焉彫落思甘盤之舊學臨宣明以增
歎輿言感愴用悼震于厥懷可贈使持節潤州諸軍事
潤州刺史贈物三百廿段米粟三百廿碩喪葬所須並
令官給京官六品一人撿挍公雖累登臺閣率身儉素
俸禄之資賙贍親友及啓手歸全家無貲産唯有書數
千卷以為燕翼以其年十月十三日窆於洛陽古城之
北原禮也有子巽等雖年在童孺禮過成人棘心欒欒
感于隣巷敬勒行事以旌泉户銘曰　益佐理水功施
生人羨于馬服守趙却秦東京戚賢南郡儒珍德先惟
永奕奕振振其一朝請風素擯埜才戟從事顒禮尋陽洞

易公自名家伏膺經籍鼓鐘外遠純涂內積其二用材南楚待問東堂持斧作憲含香拜郎再飛禁掖七踐文昌國傳茅土巷擁旗常其三井春紛綸桓榮稽古行儒師逸高跡誰伍公實踵之堂奧斯覩匪徒外潤爰歸內補其四惟昔殷后學于甘盤一期千載遇君則難充堂何那其臭如蘭懿哉夫子斯言不刊其五仁謂必壽神期式穀生寄雖浮夜壑何速寵錫韓賜恩深衛哭徒望邢山豈忌喬木其六崢嶸徂歲彌歷空岑白日無影寒雲半陰燕城表滅漢水碑沉貞臣之墓標收誰侵其七

馬懷素新唐書與殷踐猷同列儒學傳誌在洛陽中

州金石記遺之誌中横野作撗埜願作𩓥樞作摳揚作楊輿作轝醫作毉秋作烁迪作廸孺作𤥚淵懿避高祖諱作泉懿命代大儒代以學聞功施生人避太宗諱改世爲代改民爲人益佐治水避高宗諱作理水號字避高祖祖諱虎字改作㳽涂字音義未詳淏水名出遼東塞外故曰有事遼淏

郭思謨

大唐故蘇州常熟縣令孝子太原郭府君墓誌銘 并序

進士吳郡孫翌文　夫孝者百行之本故詩美張仲傳稱潁䟫所以軌物而前乎人用也悠悠千古誰其似

之實我府君能錫類矣公諱思讃太原平陽人其先出自有周彌姊之裔史諜詳之矣尒其隗以奇桀立丹以志業闡泰以人倫稱象以文學著蹟祉積慶世不隕德曾王父昇周朝東平將軍上黨郡守太父則隨銀靑光祿大夫尙書度支郎中淮陵郡守隴右巡農使邊鄙不聳實資介胄之雄儲偫已均方知會計之力專城無警奉使有光矣嚴考敬同皇幽素舉高第養親不仕易曰幽人貞吉又曰素履無咎幽素之義其大矣哉幽素府君有三子其季曰我公俱仁孝絕倫感通天地太夫人嘗有疾思羊肉時禁屠宰犯者加刑日號泣於穹天而

不知所出忽有慈烏銜宍置之階上故得以馨潔其膳猶疑其儻然他時憶藿蘿菓屬觴發之辰有類求芙蓉於木末不可得也兄弟仰天而歎庭樹爲之犯雪霜華而實矣公取以充養且獻之北闕于時天后造周驚歎者久矣命史臣褒贊特加旌表無幾何憶新筍復如向時之莚結又無告焉後園叢篁忽苞而出所居從善里其竹樹存焉異乎執書傳所闕今見之矣公始以孝子徵解褐拜定州安平縣丞下車未幾而東湖作孽虔劉我士卒撓亂我邊陲恒代之間亭候無守河決非覆簣能制原燎豈負甕可加而公之小邑亦受屠矣身被囚

虜今縣鋒鏑出入萬死之中與其一切之計大殺寇盜
截完郛郭雖田單之復齊城曹沫之歸魯地蔑以過也
招慰使奏加公朱紱撝讓不受屬內憂服闋轉江陽縣
丞又應廉讓舉擢武功尉秩滿遷常熟令凡佐三邑而
宰一縣所居必化所在必理專務於德夫何不臧公之
二昆長曰思誨易州司馬次曰思訓大理司直不永介
福俱已先世遺孤凡十有三人或在髫齔或居襁褓公
撫之育之出入腹之子漸乎義方女嬪於他族不知其
諸父蓋孝弟之至也稟命不融春秋五十九開元九年
正月二日寢疾終於官舍以其年十一月甲辰朔十七

日庚申祔葬洛陽東門平川禮也公初娶於彭城劉氏無子而卒再娶河南元氏有二女亦先朝露矣琴瑟不可以終徹享祀不可以無繼又婚清河張氏故江州刺史嘉言之孫奉禮郎愼思之女作配君子休有烈光彼蒼如何殲我良人有子曰完曰宲伶俜幼冲未知飾終追遠之禮易州府君冢嫡字採他山之石昭銘鼎行其詞曰　循陔者子兮行通神明家邦必達兮休矣淸聲天難忱斯兮胡不永齡哀哀羣稚兮泣盡孤塋

誌在洛陽董金甌家思謨與思訓昆弟也皆以孝子徵誌載思訓事慈烏銜肉　菴蘿冬實及叢篁忽苞而

竹樹尚存其里且嘗以孝感邀武后之旌孫翌所書可謂信而有徵矣新書孝友傳不附其名史之失也授堂武氏因史之失而遂疑其飾爲之非善善從長之論矣思譔誌載曾祖興此誌作昇豈興故有二名或一書其名一書其字耶其父敬同皇幽素舉謂舉皇朝幽素科也唐設制科例有名目詳見唐會要及文獻通考中通考載乾封元年以幽素科及第者有蘇瓌等七人無敬通名前後亦無是科之舉以思譔年壽推之其父舉幽素亦應在乾封之初既曰舉幽素高第矣則非舉而未赴者蓋通考失載也東平將

軍當作平東將軍菴蘿果本草云實似林檎而大一名菴摩羅伽果見於法苑珠林菴笠莛也中州金石記云肉字作宍見吳越春秋及漢史晨後碑一作宍又作宍皆肉之變文也茂字作𦾨見漢書表上黨作上儻金石記儻卽黨字之俗故漢書倜儻只作倜黨余按儻乃倘之正文揚雄傳曰儻鬼神可也及此誌猶疑其儻然是也漢書倜黨借黨作儻此誌上儻借儻作黨黨儻皆正非俗字也又大父作太父頬叔作頴州號叔作觽州寇作𡨥秩作袟循作循

崔湘

大唐故陪戎校尉崔府君墓誌銘 并序 君諱湘清河人也神農之苗胄太公之允緒原夫魚吞呂釣應同載以歸周龍躍崔津表嘉名以誕慶曾祖瓌隨任鄭州司馬祖囧父觀隨任豪州録事叅軍或六條布政揚至德以宣風或千里輔仁翊公平以闡化君高門華緒閑氣清姿椅桐吸日月之光松柏挺風霜之節方冀南山錫壽永駐頹齡北帝遊魂先悲過隙嗚呼哀哉以開元十年二月廿一日終於私第春秋六十有八夫人丁氏蘇氏李氏並母儀婉順婦德惠和移鄰之慶早彰舉案之驩夙備庶期千月壽保百齡冀椿鶴而齊年奄蘭蜥而

等謝越開元十年三月八日合祔於村西北平原禮也左縈澤右成臯峨峨飛嶠鎮其前滔滔黃河灌其後嗟乎玉樹雙埋金聲兩絶白日杳而三千歲黃泉深而幾萬重悲風起而松柏哀淒露泫而蓬蒿泣嗣子待賓等瞻天靡訴扣地無追長縈銜索之悲永結殯荼之苦銘曰　東光不駐西影彌催崑山玉碎蘭苑香摧元宵易掩白日難開母儀夙備婦德早彰匣中劍折鏡裏鸞亡乾坤載合琴瑟重張森森翠柏騷騷白楊千秋播馥萬代流芳

茹守福

大唐故朝散大夫京苑揔監上柱國茹府君墓誌并序

君諱守福京兆人也蓋周之遐苗鄭之遠裔也昔六國分峙茹姬為魏后之妃七雄並爭茹耳為韓王之相自周歷漢洎晉迄隨朱轂華龔金章紫綬代有人矣曾祖譽祖宏善並耿介清素遁欽儒風高蹈邱園不仕於世父行本上柱國魁岸長者風神駿拔載疇符爵克著勳庸君自始成人預展心力出入扃禁宿衛先朝武太后時選補右領軍衛長上考滿授坊州仁里府別將仍於定陵押當畢授隴州大侯府果毅君職雖戎武而學重儒文清慎自出於本心廉讓寔由其天性書則尤工

草隸算乃妙洞章程伯英懸其筆力宏羊服其心計藝
術超邁聲華日聞屬開元祚興選舉尤慎特進王毛仲
聞而重之召爲監牧都使判官於是隴右巡撿頻爲稱
職遷懷州吳澤府果毅考滿擢授京苑捴監雜掌農衡
考課元口頻歷數職判官如故前後十餘歲焉豈非碩
人令德善始善終者也君幼而聰敏内崇正覺行六波
羅蜜遵不二法門性之自然薰羶不咀於口天之所授
經戒克銘於心爰在吏途雅操亦篤雖王事鞅掌劇務
紛綸而顛沛必依於仁造次不愆於義嗚虖行之難矣
斯人謂歟粤以開元十一年四月廿九日奉使隴右道

巡鹽牧六月二日還至京六日已亥遘疾至八日辛丑
卒于長安休祥里第享年三百三甲子四旬有二日矣
嗚呼降年不永穹蒼靡遺嗚玉未擊而自摧芳蘭不秋
而先落君初遘疾之時呼集家人告以死日子女環泣
小大咸驚君乃止之曰生者物之始死者物之終終始
循環天之常道又何足悲也於是自為沐浴衣以新衣
迺請諸名僧造龕念誦君端坐寢牀精爽不亂言話如
故誡囑無遺果如其期不僭於驗辛丑夜刻至子奄然
而逝趺坐不動左右無驚異哉乎所謂知命君子代之
奇人河東薛氏四德聯華九儀克著貞賢外播溫孝內

融和鳳雖則先飛神蛟終當重合即以其年八月有九
日合葬于城南香積寺□原禮也嗚呼芻靈蔑引白馬
悲而不前宅地攸安青烏卜而云吉奠龍山一變知令
德之猶□鼈棄三□振清徽而不朽迺為銘曰　洪□
大造厥初生民仕以行義義以贊神□德可據惟道是
鄰取則不遠在乎伊人伊人為何生唐之域筮仕明時
束髮從職溫恭淵慎濟濟翼翼孝乎其家忠乎其國馳
思元寘樂道之精匪由壯冠蔑自弱齡松筠勵節冰鏡
弥清心歸正覺口誦真經捧戒珠兮不失傳慧炬兮逾
明達人知命吏隱王庭有知於死無憾厥生猿坐入定

神遷不驚偉哉若人閲此哀榮丹旐翻兮憏引白駒跼
而悲鳴悠悠窅窅歸窀穸千秋萬古閟松扃

守福卒於開元十一年六月八日辛丑誌不書其春
秋而曰享年三百三甲子四旬有二日以歷推之當
是庚申日生年五十有一據左傳絳縣老人曰臣生
之歲正月甲子朔蓋老人卽以是日生故曰四百有
四十五甲子矣其季於今三之一也今守福以庚申
日生而曰享年如此蓋好奇而不究於義者所爲也

突厥降王女賢力毗伽公主

唐故三十姓可汗貴女賢力毗伽公主雲中郡夫人阿

那氏之墓誌并序　駙馬都尉故特進兼左衛大將軍雲中郡開國公踏没施達干阿史德覓覓漠北大國有三十姓可汗愛女建冉賢力毗伽公主比漢主公焉自入漢封雲中郡夫人父天上得果報天男突厥聖天骨咄禄默啜大可汗天授奇姿靈降英德君臨右地九姓畏其神明覇居左衽十二部忻承美化貴主斯誕天垂織女之星雄渠作配日在牵牛之野須屬家國喪亂蕃落分崩委命南奔歸誠北闕家聟犯法身入官闈聖渥曲流齒妃嬪之倖女住天恩載祓禮秦晉於家兄家兄郎三十姓天上得毗伽煞可汗也回承叡澤特許歸親

兄右賢王墨特勤私第兼錫絹帛衣服以充廩用荆枝
再合花萼之相輝棠棣未華遽風霜之凋墜春秋廿有
五以大唐開元十一年歲次癸亥六月十一日薨於右
賢王京師懷德坊之第以其年十月癸巳朔十日壬寅
葬於長安龍首原禮也天漢月銷無復粧樓之影星河
發散室餘錦帳之魂男懷恩兄右賢王手足斯斷鴈行
之痛于深膝下長違烏哺之情永絕雖送終之禮已磬
松塋而推改之俗慮爲蕪沒撫貞石以作固鑿斯文以
爲憑桑海變可知田移物或其詞曰　倏辞畫閣永臥
荒墳人生至此天道寧論日催薤露風及松門千秋萬

古叙寳孤魂

史稱突厥之先爲阿史那氏匈奴別種也唐初降蕃有阿史那咄苾阿史那什苾阿史那你尒皆刻其象於昭陵又昭陵陪葬功臣有阿史那忠皆公主之族誌稱阿那氏者省文也默啜唐書突厥部有傳載其兄曰骨咄祿誌稱公主父曰骨咄祿默啜似合兄弟之稱爲一人而傳稱默啜子毗伽之妻曰骨咄祿婆匐可敦則骨咄祿又似是突厥通稱矣開元初突厥亾國歸附中朝公主之壻覔覔以犯法伏誅朝命改嫁伽煞故誌云家國喪亂委命南奔家壻犯法身入

宮闈聟即壻字家壻謂覓覓也又云被禮秦晉於家
兄謂其改嫁伽煞也其稱伽煞爲家兄者撰文者爲
伽煞之弟而公主之小叔也公主之子曰懷恩唐書
叛臣傳有僕固懷恩鐵勒部人舊唐書載其父曰乙
李啜拔新書曰乙李啜顔魯公撰臧懷恪碑載其父
曰設支皆無伽煞之稱未知此誌懷恩即僕固懷恩
否僕固懷恩肅宗時舉兵欲叛其母拔刃逐之曰吾
爲國家殺此賊若是公主之子則拔刃者乃其後母
矣誌中棠棣作堂棣忽惑作物或花蕚上有脱字

古誌石華卷九終

唐六

折某妻曹氏

曹氏譙郡君夫人墓誌銘并序　夫嚴霜猝草獨歎蘭摧驚飇拂林偏傷桂折人誰不死嗟在哲賢伊賢者何譙郡君夫人是也夫人曹氏諱明照曾祖繼代金河貴族父兄歸化恭惟玉階惟孝惟忠允文允武夫人柔馨在性婉淑呈姿妙紃組於閨門潔蘋蘩於沼沚年十有八適左驍衛將軍折府君爲命婦六禮備四德凝姿孟氏母儀宗姻酌其訓曹家婦禮里閈挹其風豈謂石

破山崩奄從傾逝以開元十一年十月八日終於居德
里之私第夫人春秋不或卽以其年十一月廿三日遷
窆於金光坊龍首原之禮也慮樹偃千年人移百代式
刊方石乃爲銘曰　天衢旣形髦頭有經〻緯相汴夫
人誕靈如何孤縢危露先傾悼逝川之不返敢平生而
著銘

誌中喪作䘮儀作儀揖作揖春秋不惑年四十也惑
作或與前賢力毗伽公主志後咸爲志並同又聖教
序集王字本能無疑或者哉亦以惑作或蓋或本域
字後人加土作邦域又加心借作疑惑而或之本字

遂專爲或人或曰之用在經史中惟孟子無或乎王之不智也及前漢書賈誼服鳥賦衆人或或之類尙未加心餘皆作惑矣銘曰經緯相汁汁卽叶字用張衡西京賦五緯相汁語又史記歷書太歲在未曰汁洽周禮注黑曰汁光紀顓頊食焉皆以汁爲協叶字左思吳都賦諧俗汁協律吕相應亦以汁爲叶也禮也上衍之字說見前杜某誌文曰恭惟玉階玉階當是曹氏父兄之名號

高福

大唐故中大夫守內侍上柱國渤海高府君墓誌銘 并

序

麗正殿修撰學士校書郎孫翌字季良撰　夫勞息之理達人一之然時嘗大明職近皇位父子併肩而事主君臣同體而多歉而万石之慶一朝無怙可不悲矣府君諱福字延福渤海人也啓士受氏明諸典籍曾祖權祖福父護並矜如石焉厥有全操安時處順憂患不能入懲忿窒慾軒冕莫之榮且录貴隨時雅明尊祖我府君始議從政有光前烈傳曰九變復貫知言之選此之謂矣府君幼而晦名長而藏用體敬仲之慎兼伯楚之忠解褐拜文林郎守奚官丞秩滿遷本局令術轉宮闈令兼謁者監竊以聖人之教父因子貴府君之寵

嗣曰力士我大君之信臣也頃國步多艱而守謀立順以功拜右監門大將軍兼食本邑盡力王室志存匡輔元勳爛然天眷攸屬府君以大將軍之故特拜朝議大夫守內侍員外置尋遷中大夫正除本官出入四代凡更大職行不違仁言必合禮由是無黜擯無怨尤恭而能和簡而且肅德著於官掖名成乎寮友而稟命不融識者歔欷以開元十一年十二月廿五日終于來庭里之私第春秋六十有三大斂之日天王遣中使臨弔賵絹三百四明年太歲在甲子正月壬戌朔廿一日壬午遷窆於京兆府白鹿原之西隅禮也緣喪事儀衛並皆

官給可謂哀榮始終禮洎泉壤初府君旁通物情德往
造極以爲生者神之主死者神之歸歸乎本真曷足懷
也乃謀龜筮相川原經兆域畚封隧自爲安神之所而
松檟蒼然矣君子謂高公於是乎知命府君自公之餘
存乎上善每持專一之行深入不二之門範聖容寫貞
偈雖衣食所窘此心不易斯又迴嚮之能事也將軍茹
荼長號哀述舊德竊慙不敏敢讓其詞銘曰　佳城一
閉兮三千年棘人欒欒兮訴窮泉出郭門而一望兮見
隴樹之生煙君寧見賓御之惻默皆撫墳而涕漣
是誌向在長安爲畢弇山尚書移至靈巖山館今所

行者長安木本也福武后時中人高力士之父新書力士傳云本馮盎曾孫中人高延福養爲已子遂冒其姓延福卽福字也撰文之孫翌中州金石記謂爲偃師人前郭思謨誌亦翌所撰自署云進士吳郡孫翌蓋孫氏爲三國吳之後吳郡其族望偃師其寄籍也誌中並肩作併肩萬作万延作延冊作冊介作砎冤作冕訴作訢守內侍員外置下當有同正員三字

唐昭女端

大唐女子唐端墓誌銘 篆蓋

女子字端蓋殿中少監唐昭之第三女也母曰王氏夫其體脩幽閑門傳禮則

克柔其性有婉其容春秋十有六焉不幸天没以大唐
開元十二年六月廿三日終於京地靜安里之第以其
月廿六日權殯於萬年縣義善鄉之原悲歟天乎不臧
曾靡降福神道何昧忽貽其殃諒何有違遂獲此戾悼
以長往終天無期嗚呼哀哉乃爲銘曰　猗歟慶靈兮
錫嘉祉婉而從訓兮善可紀宜其享福兮極遐祀奈何
脩齡兮中道止白楊蕭蕭兮隴路悲丹旐搖搖兮相送
歸相送歸兮永别離天情地義兮長相違
誌中脩别作脩有婉其容容誤作客唐書宰相世系
表莒國公唐儉曾孫有名昭者官河南尹此誌云殿

中少監未知卽其人否

王無競

上缺昭軌物不道不恭不昭不從其可□□□莫不□然就列矣□□舉劾大臣庸可翼也嗚呼□□□□□不朽公則□舉其誰乎甫公生於齊長於魏及□吾常□操士風嗣子日新等□卜遠日奉成先志以開元十二年歲次甲子十月丁亥朔廿三日□□徙殯於魏國□□葬於東萊之正□□禮也夫人范陽盧氏祔焉從周也宅兆之事可無紀乎銘曰

□靈秀百夫特□多才官弗克詩可典筆餘力人之望邦之□□□□□

棘厄茲屬喪明德卜佳城于舊國□□□□□

此唐太子舍人王無競墓誌也孫逖撰文誌凡二石

其前一石佚此石亦磨泐矣在萊州府掖縣西門外

其全文見文苑英華

薛某妻裴氏

唐故尚舍直長薛府君夫人裴氏墓誌銘并序　夫人

裴氏河東聞喜人高陽肇裳非子受封漢寵侍中晉稱

吏部間諸絳事大達斯分曾祖思質汾州刺史太平縣

開國公祖行顗魏州頓邱縣令父貞國楚州淮陰縣令

或擁旟千里或紆綬一同訓理寬於古人香政飄於後

嗣夫人即淮陰之仲女也夫孝以居室恭順纘於已族
義以奉外執館歸于我家其初迓也璪珠玉以和禮容
其爲婦也諧琴瑟而偶君子浮榮不幸移天早歿哀女
蘿之無施泣夢蘭之不兆天天華歲煢煢誓居卅餘年
志不我忒音律之事爲性工乎直長府君云亡竟不聽
絃管貞節也以季母之親撫猶子之類示以典禮導以
謙和豈口斯門流式他壼慈訓也馭下以肅教而後罰
左右敬愛內外嚴恭正範也聿脩三善騰心入解金仙
聖道味之及真外身等物不競以禮放迹遠俗謂爲全
生凝神寂寞塊然而往春秋五十有九以開元十三年

五月廿三日考終於通利之里弟子子明魂衆衆歸宇
無三年之服者唯數緣而歸慕人代可哀元門允樂先
是遺付不許從於直長之塋以其受誡律也今孝所志
以明年昺寅二月廿三日葬於河南龍門山菩提寺之
後崗明去塵也族孫良倫覽休跡敢敘而爲銘曰　塵
飆爲刦不可年兮塋櫝無像知幾遷兮有德斯祀跡必
宣兮神道昭著福謂傳兮貞靜悌睦存沒真兮君子之
謂賢婦人兮　開元十四年二月廿三日葬

誌中薛作薛裔作衮規作寬濃作醲璨作璨隸作緑
岡作崗丙寅避昞字諱作昺寅

陳憲

唐銀青光祿大□□□□□□□□□□□□□□
□□□□□銘并序　公諱憲字令將平陽臨汾人□□
□□□□□□□□□□□爲氏洎七葉有漢大□
軍棘蒲侯武又□□□□□□□□平陽侯子孫
家焉祖遠雄武多大略徵晉昌令不□□□□□高
量累辭辟命没謚貞隱先生積德未享是用有後公□
□□□□氣降虛明之神淸暢條理夷雅閑秀詞學優深
操行無玷□□□□□不徇速達年卅鄉貢進士對策上
第其年解褐滎澤主簿□□師尉明堂尉閿鄉令秩滿

愛部闕內覆囚旋拜右臺殿中侍御史轉庫部吏部二
員外郎丁內艱哀毀過禮服闋除禮部考功二郎中遷
給事中中書舍人策勳上柱國除大理少卿出爲絳州
刺史復大理少卿遷工部侍郎又出爲兗州都督入拜
衛尉少卿復工部侍郎又出爲蒲州刺史入拜太子右
庶子遷太子賓客累加封嶽陽縣開國伯食邑五百戶
凡所歷官咸著成績皆任實以佑物不激譽而干進休
名自著僉舉允諧喪仲弟哀感成疾以開元十三年九
月廿五日薨於東都審教里第春秋七十八粤以開元
十四年歲次景寅十一月乙亥朔十六日庚寅葬於偃

師縣龍池鄉之北原祔先塋禮也惟公宅平中庸樂在
名教體忘晦吝德全終始者朝廷一人而已又嘗著中
道通教二論註周易撰三傳通誌廿卷集內經藥類四
卷合新舊本草十卷並行於代噫可謂立德立言殁而
不朽者矣嗣子長安縣尉少儀等孝思純至永懷揚名
乃刊石勒銘以誌幽宅其辭曰　盛惠之後兮寔生哲
人文義博暢兮志業清純乎政光國兮懋寵榮親立言
不朽兮全通歸真

誌在偃師縣學明倫堂石缺一角泐其姓關中金石
記據其先世有漢大將軍棘蒲侯武見漢書文帝紀

云三年以棘蒲侯柴武爲大將軍臣瓚曰漢帝年紀爲陳武此云柴武爲有二姓功臣表作陳武故知憲爲陳姓漢大將軍將字空格刻者漏也書墓誌用眞行者多用草隸者少是編草書惟智元一誌隸書惟此誌及晉劉韜朱王㬌道妻賈氏三誌而已

僧思恒

大唐故大德思恒律師墓誌文篆蓋　唐大薦福寺故大德思恒律師誌文并序　鄠縣尉常□□撰文　道不虚行必將有授受聖教者非律師而誰律師諱思恒俗姓顧氏吳郡人也曾祖明周左監門大將軍祖元隨

門下士儀同三司恭燕郡開國公使持節洪州諸軍事行洪州刺史父藝皇上恒州錄事參軍並東南之美江海之靈係丞相之端嚴散騎之仁厚以積善之慶是用誕我律師焉律師禀正眞之氣含太和之粹生而有志出乎其類越在幼沖性與道合見戲則聚沙爲塔冥感而然指誓心乃受業於持世法師咸亨中勑占大德入太原寺而持世與薄塵法師皆預焉律師深爲塵公所重每歎曰興聖教者其在茲乎遂承制而度年廿而登具戒經八夏而預臨壇纂修素律師新疏讀八十餘遍弟子五千餘人以爲一切諸經所以通覺路也如來金

口之言靡不該涉菩薩寶坊之論皆研斫精天下靈境所以示聖跡也乃陟方山五臺聞空聲異氣幽巖勝寺無不經行感而遂通所以昭靈應也嘗致舍利七粒後自增多移在新餅潛歸舊所有爲之福所以濟群品也造菩提像一鋪施者不能愛其寶建塗山寺一所仁者於是子而來洗僧乞食以生爲限寫經設齋惟財所[illegible]忘形杜口所以歸定門也詣秀禪師受微妙理一悟真諦果符宿心寂尔無生而法身常在湛然不動而至化滂流於是能事畢矣福德具矣以見身爲過去則弃愛易明以遺形爲息言則證理斯切乃脫落人世示歸其

真開元十四年十一月廿六日終於京大薦福寺年七十有六初和帝代召入內道場命爲菩薩戒師充十大德統知天下佛法僧事圖像於林光殿御製讚云云 律師固辭恩命屢請歸閑歲餘方見許焉其進退皆此類也屬纊之夜靈香滿室容樂臨門悠尔而逝若有迎者蓋應世斯來自天宮而蹔降終事則往非人寰之可留弟子智舟等彼岸仍遙津梁中奪心猴未去龍鳥先歸禪座何依促追墳塔法侶悲送且傾都鄙其年十二月十五日葬神禾原塗山寺東谷願託勝因思陳盛美法教常轉自等於圓珠雕斵斯文有慙於方石銘曰 聖

立萬法法無二門以身觀化從流討源有爲捨機無生
定猴律師盡妙像教斯存我有至靜永用息言示以形
逝留乎道尊有緣有福求我祇園
誌云祖元蓀蕪郡開國公集韻蓀草名地理書無蓀
蕪郡名又云和帝代召入內道場和帝即中宗其謚
號有太和字長安有僧法澄塔銘亦云中宗和帝可
證是誌與後王守琦誌用字皆闕筆作用未詳避何
人之諱唐碑中如契苾明碑石臺孝經華岳精享碑
無憂王塔銘用皆作用說文云角本作角从力从肉
則用乃肉字之變東都事略載崔偓佺云刀下用爲

爾疑六朝以來別體字用本有作用者故偓佺云爾亦以刀下用爲爾也則此誌非因避諱缺筆矣

于士恭

大唐故于府君之誌銘 篆蓋

唐故定州曆施縣令上柱國于公墓誌銘 并序

公諱士恭字履揖其先東海人也漢太守定國之裔洎五代祖謹仕魏遂居河南今即河南人也績著前史慶貽後裔曾祖宜道隨左衛率皇涼甘肅瓜沙五州諸軍使涼州刺史成安子祖永寧皇商州刺史增建平公父元祚皇益州九隴縣令襲建平爵尚德靜縣主公即主之次子也公言行周密風儀

閑雅弱冠以諸親出身解褐授好時縣尉初大周御宇分邦制邑劃尒畿甸緣爲稷州選部甄才擢授斯職亦當時之榮選也自茲已降累遷郡邑尋贊臨穎復典膚施闕右馳聲許邦思惠非此能備也開元十四年春天子若曰縣令在任清白者選日作用公即隨調選方俟遷陟命何不融疾成不治以其年秋九月戊戌卒于私苐春秋六十有六時来不偶其如之何夫人譙郡戴氏妍妙凝華貞順勉行自承饋盥克諧琴瑟降年不允雖恨偏沉同穴相期果然終合開元十五年七月乙酉權祔於京兆神和原禮也拱樹蕭蕭坐看成古佳城杳杳

空見微月嗣子彌嬰并泣血崩心絶漿茹荼昊天莫報長夜不曉應陵爲谷刊石爲表銘曰　死生有數晝夜不捨嗟彼于公長歸地下高墳峩峩宅此崇岡千秋万古孰知其他

士恭曾祖宣道祖永寧父元祚唐書宰相世系表云宣道字元明隋上儀同威安獻公與誌異永寧商州刺史與誌同而表云永寧之子遂古隰州刺史與誌所載名位俱異

鄭溫球

大唐故寧州豐義縣令鄭府君墓誌銘并序　滎陽鄭

君諱温球字耀遠洪源浚流鼎門碩胄固以炳煥圖傳
洋溢曾祖遜隨鴻臚卿河南公祖福祥皇唐州刺史父
方裔始州臨津縣令昭穆暉暎芝蘭芬馥咸迪雋業不
其休哉君温恭好學出言有章貞白成性立行無玷解
褐虢州王城縣丞毗贊有倫人吏胥悦時鑾方作梗王
師出誅監軍御史元公欽君器能相邀入幕克清夷落
韜弓飲至君之策崔僕射制癈之轉潞州汾陰尉儀形閑
輔損益綏耿秩滿調補寧州豐義縣令以膺精擇無專
自理示信不欺子游不下堂質人歌来晚倚君之政無
以加焉方將樹勳王家勳休天府彼蒼不愸瘥瘵所經

藥石何歎靈祐斯爽以開元十四年七月廿九日終享年五十有八才優命舛沉屈下僚隟駟不留嚴霜易謝人生到此天道寧論君有昆曰溫琦廊廟巨榦朝庭重寶由禮部侍郎轉邠州刺史君詣兄所憩息未行哀哉禍臻於邠廨宇天倫之慼振古莫儔即以其時柩遷于鄠以開元十五年七月廿七日權窆於京地府鄠縣□福鄉原禮也有子七人皆精敏之士續絳州翼城主薄兼汴州開封主薄授兖收孚回葬並茹慼肌膚沉痛創巨纂夫懿德寄我松槚乎夙預姻親曲承誘顧士感知己懷此無忘聊繫情於斯文庶有光於泉壤銘曰　陘

鎮嵓嵓溱流湯湯展我之子為龍為光有昆如珪有子似璋家癈其寶國殲其良千秋万歲杳杳茫茫　前左內率府冑曹盧兼愛撰

誌載温球及其曾祖遜祖福祥父方喬兄温琦子績兼揆克收孚回凡十二人唐書宰相世系表滎陽鄭氏皆無其名撰文之盧兼愛亦不入范陽之系可見巨家大族其與宰相疎遠不入表者甚多也陘山在鄭州西南溱水在新鄭縣與洧水合陘鎮溱流皆指滎陽本貫而言也

李無慮

大唐故忠武將軍行薛王府典軍上柱國平棘縣開國男李府君墓誌銘 并序

工部員外郎賈彥璿撰

君諱緐慮字忠眘隴西人也昔月貫于昴啓緐誕而邁德氣感流星伯陽生而啓聖惟彼降瑞因茲命氏曾祖貴隨太中大夫延州刺史涼國公皇降封隴西公任切分憂寵加勞理朱旗映日皂蓋生風屬隨室道喪我唐天啓疇庸錫壤俾崇舊勳封以隴西昭其業也祖斌皇銀青光祿大夫隰吉二州刺史襲封隴西公□□高□御下以寬洗幘清心不言而理襲封本郡昭其祚也父□道皇金紫光祿大夫汾州刺史股肱之郡公輔之材克

著政□尤惬人望遷鎮軍大將軍左驍衛大將軍上柱
國襲封隴西郡公武庫森森縱橫矛戟智囊□□□
風雲煥乎鉤陳設在蘭錡乃祖乃父自公自侯昭其貴
也君衣冠奕世禮樂□賢慶藹炳靈光昭茂緒大君有
命入衛天階雞冠呈祥仲由負三軍之勇燕頷標異班
超封萬里之侯弱冠於清邊軍立功授游擊將軍左衛
長上明略經濟雄心英果勉清祆孽飲至天庭師出以
臧功宜上賞朱紱斯曜可不偉歟無何轉授鄜州華川
府右果毅時關內按察使強循以君幹蠱奏攝會州司
馬又改授同州洪泉府左果毅仍令長上一貴一賤眞

慍不形於色或出或處寵辱無介於懷位□頒輿□中
廐統名爲都尉負屈曾洪宥敕差充□野軍副使舉不
失德勤不告勞展充國之務農輟揚雄之執戟軍儲是
給□馬賴焉尋爲太原節度使李暠奏授薛王府典軍
赦扞雄城趨侍□□每入招賢之觀時陪樂苑之遊習
習雄風和而扇物粲粲□□寵而益□青春始華元夜
闕景歲不我與天奪其運以開元十七年五月七日終
於靜恭私第春秋六十有二以其年六月十一日歸葬
於萬年縣神禾舊京陪先塋禮也嗚呼哀哉賢王端憂
故人駁泣垂天之翼必鎩於紫霄經國之材俄辭於白

日遂使瑤林瓊樹凄松草於佳城龍章鳳姿沒風煙於
口口嗣子口庭等孝履增感攀號無訴恭陳遺事俾勒
豐石銘曰　公侯之子兮累代其昌河岳之秀兮爲龍
爲光克岐克嶷兮發言有章立功立事兮厥政其芳天
何爲兮速罹其殃哲人萎兮爲代所傷飛旐翩翩兮出
帝鄉素車透遲兮面龍岡閉以大隧壇於傍房劬勦鐘
鼎畫像旗常日黯黯兮愁欲暮風肅肅兮悲白楊

是誌宋時出土趙氏載其目於金石錄陶氏錄其文

入古刻叢抄

智元

大唐故騎都尉智君之銘并序　君諱元字慶其先隴西苗胄智百王之後曾祖隴齊南陽郡守祖德板授汾州司馬父並温備易志廉讓兼施守節邱園辭榮不仕君神姿秫遠稟天淑靈帝族分輝藏光匿耀浮沉閭巷博義寬仁二柄精修時當用武雄心猛烈召募從征尅敵無遺蒙授騎都尉豈謂鳥灾庚日俄飛北斗之魂人夢巳年無復南山之壽遂穆雍家室遜悌鄉閭未既覘模忽離私疾春秋七十有三開十七年三月十四日卒於私苐遂使愁雲泣鳥谿澗吟猨道俗歎其遺蹤內外嗟其舊跡以開元廿年十一月廿一日葬於夕陽村東

北四里自營禮也東連翟允西眺龍門南瞻象河北臨徐水哀子懷文號天罔極叩地無追癒切南境悲終陟岵䢖以龍轜去去男申躃踊之悲素旐飛飛女發號咷之泣其詞曰 其一 青烏識兆白鶴臨墳粱山歌慶遂銘無春

誌用草書此爲僅見自六朝唐宋誌石之存者首行標題處墓誌銘下例有并序二字誌即序何云并乎惟此誌曰智君之銘并序最爲得體搨本得自中州誌書葬於夕陽村而不書村在何縣以西眺龍門句度之當在洛陽龍門山之東誌首云隴西苗胄智百

王之後又云帝族分輝未知所稱智百王爲何人其
族爲何帝文末其詞曰下旁注其一兩字而銘止四
句無二首何一之云誌中儒作襦斗作斗雍作雕卒
作猝罔作罔痛作瘜開元十七年開下脫元字

古誌石華卷十終

唐七

張昕

大唐故京兆府美原縣尉張府君墓誌銘并序　君諱昕字道光京兆長安人也漢廷尉之丕緒晉司空之徽烈印傳雙鵠不墜家聲冠映七貂挺生其美祖宗隨襄城郡守和易二州刺史剖符按俗露冕宣風明斷不謝於分纖清白有逾於酌水祖勣朝散大夫上柱國行閬州西水縣令術雄五縣恩寵百纖調絃則綵翟馴來字物乃白鳩巢室父元禕中大夫行寧州長史才高展驥

德邁題輿專城假翊中朝藉甚君門承懿範貽教英奇鄉譽克重於歲寒庭訓必先於忠孝取父蔭出身解褐授涇州鶉觚縣尉秩滿選授汾州隰城縣尉丁父憂服終選授京兆府美原縣尉而職司畿甸聲流臺閣冀期朝須方翔欲問西風何圖天要李通便游東岱以開元廿四年秋七月四日奄終于私苐春秋五十有七即以其年歲次景子十月三日窆塟於京城南杜城東二百步舊塋之禮也夫人京兆韋氏夫人恒農楊氏遷合嗣子莘臨鶴燧而攀號恐寘寞無知鑿石爲記其詞曰

於昭清河宗祉熻赩廷尉重道司空愽識家傳龍印代

襲貂蟬剖符求瘼縮璽調絃龐統外臺梅福畿甸德音
尚在魂靈不見親親雪泣嗣子攀號式鐫貞石永播劭
勞

開元廿四年歲次景子十月三日己□

誌內祖宗當是曾祖諱宗脫曾字末行已字下泐一字十月是丁未朔三日乃己酉也是誌舊在西安城南杜城爲畢弇山尚書攜歸靈巖山館誌中涇州鶉觚縣今甘肅涇州漢鶉觚地有鶉觚城在今靈臺縣秦蒙恬築長城時以觚奠祭有鶉集觚上因名京兆府美原縣今西安富平縣有美原鎮唐置美原縣於此誌中禮也上衍之字說見前杜某誌

尼惠源

大唐濟度寺故大德比丘尼惠源和上神空誌銘并序

京兆府倉曹參軍楊休烈撰　姪定書　嘗聞見性為本知常曰明幽探元珠相付法印必將有其人無聞吾故如來立三世之事也大師諱惠源俗姓蕭氏南蘭陵人也曾門梁孝明皇帝大父諱瑀皇中書令尚書左右僕射司空宋國公父諱鈐給事中利州刺史紛綸歲蕤奕世名家原大師之始誕也惠苗清越間氣沖亮稟天真於太和集神祜於純嘏及數歲後發必申敬動皆合理發跡契道出言有章屏金翠而棄其繁華絕煙葷

而割其嗜欲超然戰勝促思出家天塈孔明精心上感年廿二詣慶爲濟度寺尼如始願也受戒和上□□寺大德尼□□道之崇㠯羯磨闍棃太原寺大德律師溥塵法之良也迺延師立證登壇進律僧夏歲潔戒珠日明奉以周旋不敢失墜初大師纔至九歲遭先大夫之酷廿有七孰先夫人之憂皆泣血茹哀絶漿柴毀古之孝子烏足道哉每秋天露下衰林風早悚心欒欒若在喪紀不忘孝也亦能上規伯仲勞訓弟姪喈喈閨門俾其勿壞則天倫之性過人數級夫其内炳圓融外示方便恂恂善誘從化如流亦猶師子一吼魔宫大隤則感

激有如此者行住坐卧應必皆空慈悲喜捨用而常寂
黄裳元吉清風穆如則龜鏡有如此者後遇高僧義福
者常晏坐清禪止觀傳明殊禮印可又有尼慈和者世
尊之識知微通神見色無礙時人謂之觀音菩薩嘗於
大衆中目大師曰十六沙彌即法華中本師釋迦牟尼
之徒弟也非大師心同如來孰能至于此而更精求密
行親佩耿光十數年間演其後事他日大師厭世示疾
以開元廿五年秋九月二日從容而謂門人曰死生者
天之常道身沒之後於少陵原爲空遷吾神也言卒右
脇而卧怡然歸寂始知至人不滯於物矣嗚呼天喪門

入曷以仰曷以律時大師享年七十有六即以十一月旬有二日從事于空遵理命也志無疆之德旌不刊之典不亦可乎銘曰　猗挪明行足不復還至人去兮逍遥天地之間

九月廿有三日鐫

是編止錄誌墓之文僧尼瘞骨以墓誌標題者亦類及之其曰墖誌則浮屠焚修之法也皆所不錄是誌題曰神空誌銘又曰身沒之後於少陵原爲空又曰從事於空空卽瘞義蓋藁而不墖也前錄尼法願誌爲梁明帝蕭巋之孫女宋國公瑀之女此誌惠源則明帝之曾孫女宋國公子鉞之女也其稱曾祖爲曾

門唐段行琛碑云曾門德濬亦是如此瑀子銳宰相
世系表作鎮官給事中不云爲利州刺史表從略也
和上即和尚在隋時爲僧尼通稱曹誌之蕭定字梅
臣瑀曾孫官至太子少師誌云從理命也避治字諱
作理

裴積

大唐故朝議郎行尚書祠部員外郎裴君墓誌銘并序
族叔禮部員外郎鵬撰并書　君諱積字道安河東
聞喜人也自桐川建封燉煌爲郡魏公三祖晉方八王
奕代藉其美□□年載其令德高祖定周大將軍馮翊

太守襲瑯琊公續茂戎昭化成郡國曾祖仁基隨光祿大夫兼河南道討捕大使以陰圖王充義枝舊主遭時不利玉折名揚□□追贈原州都督命謚曰忠祖行儉禮部尚書兼定襄道行軍大總管聞喜公贈太尉謚曰獻既明且哲經文緯武故事宗於禮闈大勳炳於麟閣考光庭侍中兼吏部尚書贈太師謚忠獻器識宏遠墻宇高深亮采天階丹青神化君二川淑靈三事鴻烈植貞固之性挹經濟之才生而聰敏幼而穎悟仁和孝友君子之德日新文學吏能賢人之業□盛開元初舉孝廉高第弱冠救授左千牛備身秩滿轉太子通事舍人

丹宸捧日青禁朝春詞令可觀風義有裕歲餘調補太常寺主簿□□寺署辨□禮法拔驗伏藏動盈累万卿韋縚欲以昇聞期於顯擢君不求苟祿固讓厥功□□京兆府司錄未上丁太師憂柴毀骨立殆將滅性杖而後起□□戒期□□屢聞寵光是貫爰紆聖札用勒豐碑仍命宰臣俾令護□此乃顯□千古哀榮九原者也太師公直道不回存亡交變明主優□恩禮時列害其公忠定謚之辰將沮其美君晝夜泣血號訴聞天特降□言以旌其實詔改謚曰忠獻豈非孝感之至以發皇□報應之□有如影響憂制闋□□主上永言念舊方

上言延命武勇與五品官□宰以君□量淸通不欲處
之散地請授史官是日拜起居郎君袁服外除心喪內
疚□□今職遠□先碑敷奏上感於冕旒情禮近傷於
冠佩自武德之始迄於茲日注□所闕四百餘卷南史
直筆東觀記言考古而行怡然理順俄遷尚書祠部郎
君才兼□□□典郊廟續祖訥之淸言循樊准之儒術
明光佚奏聞塈攸歸嗚呼天不假年神爽其善視事畢
月卧疾弥旬以開元廿八年十二月十九日終于長安
光德里私第春秋卌其先葬于聞喜之東涼原也即以
辛巳歲二月癸丑廿日壬申旋窆于長安萬春鄉神和

原禮也初日者有言曰且有橫厄願攘之君曰苟無負
於神明亦何攘之有生死有命誠性已齊此則達人之
用心也君博識多聞含光育德志希宏濟心鏡无爲嘗
覽太一之書黃公之略每懷遠大自比范張及我有成
期於身退挂冠投紱卧壑栖林青雲始階黃埃溢至海
內豪傑孰不惋惜嗣子倩等異才動俗純孝通神永慕
寒泉式刊貞石其詞曰　全晉舊國彼汾一方宗門貫
仕代有烈光鼎鉉髦懿蘭菊垂芳地靈世德之子含貞
含章伊何載挺時哲□服教義□絡忠烈詞聯春葩摛
貞暮雪珪璧內潤鼓鐘外徹肅柘一命遊侍兩宮奉當

與禮左掖記功清輝就日逸翮摶風高遷郎署公議攸
同連禮休澣漳濱移疾方奉丹墀遽辭白日隱嶙前嶂
徽茫此室勒銘幽泉永識芳寶

是誌關中金石記已錄其目而金石萃編云為向來
金石諸家所不載何也關中記云誌在西安萃編云
得之於河東轉運沈君則又似從聞喜裴氏得來者
晉誌之裴朏宰相世系表云朏重晈之子官禮部郎
中聞喜裴姓之始自晉平公封顓帝之孫鍼於周川
晉以剪桐受封故誌云桐川也世系表云東漢燉煌
太守遵自雲中從河東其後分為西眷中眷東眷三

支故誌曰三祖稹則中眷裴氏也世說云正始中人士比論以八裴方八王裴則徽楷康綽瓚遐頠邈王則祥衍綏澄敦導戎元也曾祖仁基附見隋書李密傳遺時不稱玉哲名楊哲當作折楊當作揚謂身如玉折令名則揚也舊唐書光庭傳云博士孫琬希蕭嵩意以光庭爲吏部用人循資格非獎勸之道議謚曰克帝聞特賜謚曰忠獻新書光庭作光廷初謚曰克平改謚曰忠憲證以此誌知廷憲字皆誤其謚則由稹之泣訴而改也舊書無稹傳新書附行儉傳云光廷子稹以蔭仕累遷起居郎後授祠部員外郎卒

不及此志之詳世系表又云稹司勳員外郎襲正平縣子則此誌所無檢郎官石柱題名祠部員外郎有稹名司勳員外郎無稹名則表誤也誌云注□所闕四百餘卷此似補起居注之闕者唐書藝文志有開元起居注三千六百八十二卷無撰人名稹所撰四百餘卷當在其中嗣子倩新書云倩字容卿歷信州刺史以治行賜紫服代第五琦爲度支郎中世系表云倩封正平縣男謚節又左金吾將軍儆殿中侍御史倚榆次令侑皆稹子也誌中所禳之禳作攘與前賀蘭夫人誌攘裒後王訓誌千攘萬療皆同

張嘉祐

唐故左金吾將軍范陽張公墓誌銘 并序　公諱嘉祐范陽人相國河東公季弟曾祖長慶光祿勳祖俊興贈慈州刺史考思義贈秦州都督偕果行毓德揚名養正公挺質美秀資性強植生秦長晉武毅直方學不師授言無宿諾相國深器異之弱冠武舉及第充祔廟輦脚補右領軍司戈換同軌府果毅知含嘉倉幹其出內轉伊川府折衝時西戎不賓北狄款塞除鄯州別駕未之[illegible]拜忻州刺史鴈關之陽人用小康矣假銀印朱紱以[illegible]最牧守寵章自公始也尋加朝散大夫遷忻州司

馬副燕公軍使經略太原節制河外中權犖然騖公以
輯俄兼衛尉少卿進副大使恤人理劇訓戎料敵人到
于今稱之轉光祿少卿胥京上黨省方肆覲徼巡惟警
忠公在擇拜右金吾將軍錫金章紫綬當元昆為中書
令君子以為兄相弟將一門雙美行在中非言貶補陽
府折衝無何河東自戶部復左台州乃相与登臨形勝
賞樂歲月河東有北平之役公承制放還洎喪哲兄禮
有加等復除都水使者仍作副使公規模大壯巧思絕
倫瀍洛斗門咸自所創尋授率更令皇子並建或引賓
僚初拜義府司馬插諱改棣王府縱容曳裾優遊匱醴

未幾除相州刺史殷人心詘鄴守氣懾公載杖忠信政若神明頒苛止除廢典咸秩特降璽書賜紫金魚袋入計遷左金吾將軍州人思之刻石紀德公自遠闕廷重紆天眷感念惟昔砥節礪名始表才昇不以私進中令之友變金吾之授受復歸口口克雪寃謗亦有由焉昊天降喪廿九年十月甲辰終於安邑里私第口從心以一矣嗚呼國殄乃望家亡其寶言旋鞏洛祖載鎬京遺孤在疚霜孀銜恤口夫枚卜從兆以天寶元年二月甲申遷窆東都漢原夫人河東口氏先公而終合祔禮也惟公貧超俗之資多名教之樂喪祭匍匐賓遊口口望

二□有離犯之色久而見託孤之□□積而能散貲則恩止
門一以知十由中而及外爰自幼稚□□元昆存無少
違殁有過感弗忘慎獨籍□經濟爲難□也方散二疎
之金翻夢兩楹之奠哀哉嗣子寶節荼蓼摧深霜露□
□終謀窀感用播徽猷銘曰　長河演慶中條降神挺
生恭父□□□紳或出或處既損既益再執金吾□覲
閒籍云胡不整而遭閔凶□出□□□□洛東平□陟
望今茲窀迺天道何知生涯到此式躊躇□□□□□
□□□□□天

誌在洛陽縣張嘉祐爲元宗時宰相嘉貞之弟新唐

壽嘉貞傳不詳其父祖字相世系表載嘉貞之曾祖銀青光祿大夫長廋祠相國府檢校郎將俊與父成紀丞思義其名皆與誌合表書其三代本官誌書其贈官故敘銜各異惟表載嘉祐子名宏誌作嗣子寶節是爲異爾

某氏

唐故使持節上柱國□君夫人□氏墓誌銘　洛陽進士徐珙撰并書

□□□壬午元祀季□月六□□故率府郎上柱國□君壽邸夫人疾終於洛陽永泰里之私第享年六十夫人諱教字敎昔先祖仕於宏農遂

家于彼本望出於河南其長源茂族埶史牒詳矣曾祖
口隋朝議大夫口州州湖城縣令大父閎皇朝朝議郎口
州司馬烈考方皇朝隱于華山高尚其事口積悳承慶
根口口克昌口口口人口焉夫人口温㳙之心承柔順
之教忠巨口于口陵口口載口口口誠口口宗其祭如
在事上敬謹身口口愛下巨先口口歲宜室宜家六親
仰其婦道母道三德敦閨鳳凰雙飛自得鯀鳴之樂琴
瑟合調無忘在御之歡昔口口口今則見於是矣嗚呼
信口口口滈君子㞐先傾口不口口俾我躬之永謝福
善之應神何食言内則云七八將安放惟三祀甲申春

□□月乙□朔廿日甲申壄于河南□□之北原從祔禮也長子遊咸安郡良山縣尉次曰瞻並欒欒在疚□大漸喪哀毀色極逾高柴出毀珙以情罔再故義叶通家而二子□求蒙祖述言不盡意銘而識之銘曰　盛德之後子孫其昌惟我夫人令淑□彰脩身無忝宜家有□□□□令也則之陟彼岵兮瞻望父陟彼屺兮瞻望母□□□□□□居伊水之東龍門之下泉扃壹閉銘兮千古

誌在洛陽縣梁普其夫與夫人之姓皆殘泐莫辨其曰壬午元祀卒三祀甲申壄則元宗之天寶元年三

一年也

王察妾范氏

大唐故范夫人墓誌銘 篆蓋 大唐故范氏夫人墓誌
銘并序 夫人姓范諱如蓮花懷河内人也洎中行佐
晉張禄相秦滂著大才曄稱良史英聲茂閥奕世存焉
高祖頵祖義愼父元琛並才韻卓犖風調閑雅慕梁竦
之平生恐勞郡縣詠陶潛之歸去遂樂田園由是冠冕
陵遲夫人曰爲平人也淑脂點染獨授天姿婦德女功
不勞師氏始以色事朝請大夫行河内縣令上柱國瑯
邪王昪次子前鄉貢明經察送深目送調切琴心昔温

氏玉臺頷揆姑女漢王金屋恩貯阿嬌方之寵焉未足多也而夫人猶自謂桃根卑族碧玉小家毋驚齊大非偶能用鳴謙自牧舉事必承先意服勤甞不告勞而王公感夫區區他日益重雖名齊衣帛而寵實專房粤以天寶三載閏二月十四日曰車覆瘡中風終于河內之私第春秋載卅七即以其載歲次甲申四月甲午朔十六日己酉葬于太行之陽原禮也烈烈哀挽壘壘孤隴將懼為陵庶存刊石銘曰　長夜窮泉兮一閉千年云誰之思兮令淑殲焉巠岫雲浚兮河陽花死地久大長兮空存女史

是誌乾隆二十七年出土距唐天寶三載恰符千年之讖舊在土人任姓家今移入紫陵鎮東嶽廟中蓋裂爲三集砌上壁文筆雅豔書亦朴秀范氏蓋河內民家女縣令子王察以私合得之納以爲妾故誌內有目逆琴心及衣帛專房等語而其卒則以墜車受傷冒風得疾也春秋載卅七旣曰春秋則載字可去又壟作隴閉作閇巫作巫

趙思廉

大唐故監察御史荊州大都督府法曹參軍趙府君墓誌銘 幷序

公諱思廉字思廉天水人其先秦之祖也

同源分流賓掌天駟封周仕晉繼為國卿漢魏已來世濟厥美高祖脩演魏司徒府長史清水郡守贈驃騎大將軍開府儀同三司秦州刺史曾祖士季周秦王府司錄亳州總管府司馬陸安郡太守儀同三司祖捐隋秀才侍御史民部郎中毛州刺史父素隋孝廉丹陽郡書佐皇舒州司馬三朝積慶四葉重光門連岳牧家襲孝秀相府類能儀同踵武於三捐禮闈尚德柱史騰芳於一臺三絛舉而百度可見以驃騎之博物洽聞以陸安之出入濟理以毛州之淵徽高邈以司馬之優游上列典禮崇而勳業藉甚矣公之少也婉以從令敏而好學其壯也屹

有秀乾恬無流心弱冠明經登甲科解褐鄭之滎陽掾
益之雙流稍河南府登封尉再栖枳棘徒仰龍門之鋒
一踐神仙果聞鷹隼之擊能事備矣朝廷難之天子聞
而疇咨曰爵以馭賢不可改已拜監察御史鐵冠不雜
石室高標緩步立朝而人皆斂手向風矣口犯法當訊
執事者上下其手公匪石難奪直繩不撓推事忤旨左
授荆府法曹得寵若驚失職無愠荆山南峙出毁圓而
方遙潸水東流逝川而靡及大足元年八月十二日
寢疾終於南陽之旅舍春秋六十有六夫人博陵崔氏
齊姜之著姓也壼室聞詩闔門習禮梧桐半在稍傷林

下之風寶劍雙飛空抱雍中之露以天寶四載十月乙
酉朔十三日丁酉合葬于萬安山陽盖周公以來則遠
事終之達禮也二子悅坦之悅歇歷監察御史江陵安
邑二縣令敦惠文敏一時之良美玉有籍連城未得明
鏡無塵照隣皆見日坐事長吏被出非其罪也坦之濟
陽尉敬友恭順一□□龍期述德於終天顧託文於貞
石銘曰　□□之功宜孟之忠盛德百代聿生我公巖
僉繼美斤玉斯崇黃□□物朱絲直躬作椽何斫拔珠
漢東晨裝戒路曒爛隨風南陽地遠關塞□中孤魂久
客雙穴來同冉冉入廿蒼蒼昊穹殁而不朽長夜何窮

趙思廉以監察御史左遷荆府法曹自長安赴荆州新任道過南陽卒於旅次其時妻少子幼不能扶櫬囘籍遂逗遛其地自大足元年至天寶四載閱四十五年之久其夫人崔氏始卒時二子皆強且仕矣安土重遷遂合葬於萬安山陽萬安山當在南陽境內故銘曰孤魂久客雙穴來同也荆府法曹卽標題所謂荆州大都督府法曹參軍也唐書地理志荆州置都督府司法參軍其屬吏也唐制天下凡十道置都督府六百三十四荆其一也武授堂以荆府爲高祖子荆王元景封號非是王子封國類皆遙領無實封

者思廉亦何至晨裝戒路而終於旅舍耶誌內稍河南府登封尉稍下當有遷字又揖作捐範作範鐵作鐵條作條斂作鍛書碑之例曰葬某處禮也惟唐石保吉墓碑不曰禮也而曰從周制也此誌則曰蓋周公以來卽遠事終之達禮也金石萃編四十一卷附錄諸碑所載事物緣起內有代國長公主碑云陪葬橋陵孝也一條以余所輯諸誌如薛某妻裴氏誌云明去塵也尼惠源誌云遵理命也盧某妻崔氏誌云合防以虞順也西門珍誌云從其命也鄭準誌云從宜也皆禮也之變文而爲萃編所遺者

李璿

西郡李公墓石　公諱璿文安縣人也其先漢將李廣子最孫陵並爲漢名將即公之始也自是朱輪華轂代代繼出時口口祖武父口並優游養閑口口口口口公文雄兼恃技藝大善年廿七賓擢公口口口隨其願而口不盡享年二十有口皇唐天寶四載十二月五日寢疾終口口口口口名舉未婚而終父母哀其魂孤爲結幽契娶同縣劉氏爲夫人越十一日合葬於郡州西北二百步從先塋禮也尤恐陵谷遷變刻石爲銘銘曰　泰山頹兮良木折愁雲凝兮寒泉咽人逾故兮芳

聲絕歲將深兮松風切

周禮媒氏禁遷葬者謂生時非夫婦死後遷之使相從是亂人道也故禁之是誌所謂結幽契即遷葬之謂然世俗相沿不以爲非且以爲禮可慨也

古誌石華卷十一終

唐八

衛某妻劉氏

唐故衛府君劉夫人合葬銘并序　夫人四娘其先彭城人也自留秦分族海隅振藻前史昭晰不能繁云曾祖福祖李買父口歆並鄉閈儀表人倫聞望高尚其志婆娑自適盛德鍾美降生夫人而嬪於衛氏焉其孝事舅姑賓待君子禮接姻黨慈訓長幼則姜施孟母之不死也豈篇翰所得形焉嗚呼鳳梧半死龍劍一沉君以開元二十三載三月七日溘先朝露夫人守志弥堅孀

節不易奈何天不佑慶以天寶六載遘疾七月十二日終於私第享壽七十有四即以其二十八日附窆於河內郡城西北二里彌諧鄉平原夫之故塋禮也有子克已血泣荼苦骨形柴立爰求匠石敬紀芳猷詞曰 彭城流芳兮海隅降生賢婦兮以配君子天何不佑奄此凶矣孝孺戀兮哀哀胡恃泐立紀銘兮永光萬祀

是誌乾隆二十二年河內人鋤地得之書法遒秀絕類磚塔銘載其文於懷慶府志衛君前葬十有二年始以劉氏祔誌爲劉作標題當曰衛府君夫人劉氏祔葬不當曰衛府君劉夫人合葬開元稱年此曰二

十三載因天寶時作誌遂追改耳即以其下脫月字

成某

唐故振威副尉左金吾衛新平郡宜祿府左折衝都尉

成府君墓誌并序

赫赫宗周昔有天下分族命氏列

乎于成公口口口口口連曾祖威皇太中大夫禮部侍

郎祖立口皇朝朝散大夫趙郡廮陶縣令父崇偘朝議

郎宣口口司戶參軍於是克清門風乃敷政理脩歷中

外口口口口口以良家子屬中宗孝和皇帝有事郊口

口口口口口授左羽林軍長上轉京兆府望苑府別將

左清道率口口俱當警夜紫禁環衛丹墀以事一人方

逾十祀無何調河東郡霍山府左果毅都尉左金吾衛
知隊仗使龍交郡龍交府彭原郡天固府加振威副尉
新平郡宜禄府左折衝都尉知隊仗如故加左藏庫使
勒驍雄之勇列虎豹之師守金帛之般將出納之悋公
幼而習武長而主兵恭默其心堅白其操口福之善矣
豈禍之滛矣遘疾弥旬卒于咸陽別業然天寶五載九
月廿一日享壽五十有五以六載十月廿八日葬於長
安高陽原禮也銘曰　嗟嗟都尉三居其位天階入侍
天府司使福善無徵禍滛乃至且小植松栢乃高起壟
隧非獨今日之如然皆當萬古之所利

耐軒新獲此碑較比年所得稍大雖間有剥蝕而筆致秀逸頗類褚河南惜未載書者名容當考之　庚寅中秋青門李僎菘安氏題行書三行刻誌後

誌泐下方左角標題處自宜禄下缺七字以文驗之當是宜禄府左折衝都尉其知爲成府君者文敘姓源有列乎于成句也

王靜信妻周氏

唐故義興周夫人墓誌銘并序　夫人義興人也漢真將軍勃之苗裔晉輔國大將軍處之孫皇明通之女姻不失媛晉以定秦適爲大原王府君靜信之妻昔五典

克從三台樹位漢朝之任太尉司空此皆府君之遠祖也夫人四德可則九族從風齊眉之敬無虧如賓之儀有越奉佐君子何憚蘋蘩自宅移天久歷星歲期百齡之有永胡一極之備凶天道者何仁罔斯在嗚呼哀哉藥餌無救遂終於延康里之私第時春秋六十有五孤嗣號絶猶子悲酸以兹吉辰赴杜城東郊之禮也况升旌霞轝素幕雲張痛寒風之蕭瑟悲夜月之蒼茫岳也匪才忝為敘述銘曰　昔聞天道仁罔不遂彼蒼如何降禍斯至嗚呼哀哉嗚呼哀哉黄泉已掩白日寧開痛孤嗣之號絶傷行路之徘徊　天寶六載十月卅日葬○

關中金石記云此石舊在長安農家近爲山西汾陽某氏攜去志無撰書人姓氏文末曰岳也匪才岳則其名也誌中裔作裔齊眉誤作齋眉藜作棃喪作䘮備作俻罔作囚又作冈雄作雄弟作弟禮也上衍之字說見前杜某誌

潘智昭

大唐故潘府君墓誌銘篆蓋

唐故吏部常選廣宗郡潘府君墓誌銘并序

遠國流芳楚大夫汪之緒也洎予晉業黄門侍郎岳之裔矣幸唐運龍驤鳳翥耀武曾祖仙壽識叶天謀輔翼左右拯濟塗炭永寧邦社拜銀

青光祿大夫儀同三司九原郡守祖觀大中大夫行司
津監父元簡積學成業溫恭允克仁惠鄉閭博通今古
弱冠明經擢第吏部選君名智昭字洛京兆華原人也
幼年聰敏識用多奇日誦萬言尤工書筭甄別寶玉性
閑技巧好歌詠事王侯此乃君之行也君之明也養親
純孝甘脆無虧交遊克誠信道日益友于兄弟共被均
衣見善必悛歸心三寶君之孝也君之仁也曉陰陽者
通挈壺術事瞿曇監侍一行師皆稱聰了委以腹心君
之德也君之能也學歷生事習業日久勤事酬功授文
林郎轉吏部選時載五十有六運薄陵遲降年不永嬰

疾衆月藥餌無徵病甚日篤終于其家嗚呼生兮有涯逝川長沒備凶儀習吉兆以戊子歲實沉月五日癸酉殯于長安龍首鄉禮也有子五人順也運也訓也慎也俊也昊天罔極泣血如流恐代久陵夷高崖為谷孝心遠紀式刊銘誌　長原孤墳松櫝蕭森刊石遐紀流芳德音泰山其頹梁木其摧五子荼毒追慕增哀　天寶七載七月五日景時

智昭銜曰吏部常選蓋吏部選人未經受職之稱其先世曰楚大夫汪之緒卽左氏傳楚潘尫借汪作尫也曾祖仏壽仏卽佛字祖觀行司津監龍朔二年改

都水監作司津監通挈壺術侍一行師唐六典太史局有挈壺正掌教歷生三十六人唐書方技傳僧一行精歷象陰陽五行之學開元五年強起至京置之光大殿智略掌歷生事正其時也誌中戊作戊罔作冈

王某

大唐故西河郡平遥縣尉王府君墓誌銘幷序　原夫□於蘭谷者猶聞十步之芳陟於松□者尚覩千尋之□況乃于門□□□□名家堂構挺生不□□□者矣公諱□□□□□□河內人也太原舊族從居河內焉

曾祖□□□遂州司馬祖□□□□□□太子家令贈少府監並以□歲登榮□翰早貴父□□□□□□□中舍人贈銀青光祿大夫至於承親□□□仁□□□□□□□□雕沐旌表門閭之□□制越古超今降褒揚道□□□□□□□□□並見編於史諫此可觴而上焉公以積善貸靈□□□□□□□□□性卓犖儒學之科釋巾任宣城郡宣城縣主簿江□□□□曰難□□以清平標範正直申規□得吏愛甿謠傳芳播譽□□□□□□□克家之子□肇之才擢授西河郡平遙縣尉汾州巨邑晉□領州□□□井之繁人悠

田壠之訟公以襟靈若口筆翰如流疏決姦盜口口與奪口口其理口口口口口究考在公闈閭無謗毀之聲口口有口口之慕口口口口口口口口同僚懷戀德之情叱吏結口口之口口口千里口轅轡而已口口口口口口口庭而歸口昆房嵩耀口口口口同居隣伍歡愉仰仁德而垂蔭口口廣脩淨業細繹元風何期福善無臧良奄泊以天寶九載二月九日遇疾終于河南府河陽縣口城口之本弟春秋口十有六以其年三月十四日安厝于河陽縣親仁鄉之口口之原禮也惟公口德義方嗣徽名口植操門深口口口口口口口口口口口

高儒儉義其心風神□□□體斯乃曰天□□□
□□□□□乎激浪□鱗翔□墜羽□□將駕□□
已開□□□□□□□□之永隔□舉案之長乖
有子三人□曰□□郎□□□□□□□　惟彼
善門誕生材子□□□歲□□□□□□□□□
□□□言唯□是□宣城授□汾邑昇□□□□
剖斷□□□□□□□仁□□□流美遺愛□□反
響邱園妥神瀞□□□□□□□□□□□□□
瀟室□□積善永固□遠禰□曾□□□□□□
□桂萼旋凋佳城已啓德誌風標脩陵□□□□長□

口口口口

誌在孟縣

劉感

唐故雲麾將軍左龍武軍將軍彭城劉公墓誌銘并序

河東進士李震撰　集賢院上柱國安定郡席彬書

猗夫乘間氣孕淳精扇風雲盪河岳體五行之秀應三才之靈者繄我劉公而是焉公諱感彭城人也曾祖諱脊隱德不仕號逸邱園祖諱晃父曰子貴克大吾門皇朝贈南陽郡司馬公清德難尚至理可師屬我皇撥亂之開元也公提劍以從杖戈而先附鳳高翔攀龍游

躍遂使羣兇泥首蔦方革面解褐授翊麾副尉行興州
大桃戍主遷右衛寧州彭池府左果毅靈鑒洞照應變
知微命偶聖君職忝都尉又改昭武校尉行左衛陝州
曹陽府折衝轉左領軍衛同州襄城府折衝參謀帷幄
之中制勝樽俎之右無何拜寧遠將軍左武衛翊府右
郎將賜紫金魚袋旋授定遠將軍行左龍武將軍翊府
右郎將又遷明威將軍右龍武翊府中郎將公位階鴻
漸官達虎賁騰淩建信之名標淮公幹之氣轉雲麾將
軍左龍武軍將軍上柱國進封彭城郡開國伯食邑七
百户皇帝乃命圖形麟閣賜印雲臺公侯伯子之榮封

河山茅土貝冑朱綬之貴列長戟高門忽興逝水之悲終銜過隙之歎以天寶十二載二月廿一日薨於永興里之私第春秋七十一以其年十月卅日葬於咸寧縣黃臺鄉之原禮也嗚呼地埋勇骨天落將星蕭瑟松門淒涼蘿逕嗣子秀等哀哀血淚欒欒棘心頌誦惟家之風以篆他山之石銘曰　三秦崗九泉窟鶴報地兮潛恍惚森拱木閉荒墳人瘞玉兮碑氤氳

誌云撥亂開元翦兇授首又云圖形麟閣賜印雲臺蓋感以佐誅韋氏功起家官至左龍武將軍圖形賜印可謂烈矣新舊唐書皆不著其名撰文之李震唐

書宰相世系表有泉州刺史李震當即其人誌前敘
曾祖祖而遺其父後敘子而遺其妻以其年十月卅
日年字應稱載說見後張岌生誌志內岡別作崗

張元忠妻令狐氏

唐故銀青光祿大夫行內侍員外置同正員上柱國張
公夫人鴈門郡夫人令狐氏墓誌銘并序　惟天寶十
有二載十一月四日夫人卒於京兆府置業里之私第
嗚呼時載六十有三若夫人之姓裔自乎太原處嬪于
室廿載矣夫人進對工繡以備於賓祭先祖蒸具於
齊澤正之以容貌不以悅己怡色事上撫下允穆謙和

愛子如生育人無愍夫張公諱元忠任太中大夫賜邑爲鴈門郡君後進銀青光祿大夫遂加号爲鴈門郡夫人也不意因由遘改禍謝緣疎夫去天寶九載五月十三日卒於河南府里之第宅次載就塟於京兆府三原縣之分界自阻以後念趣来緣每宏慈悲常思不忘以夫先偶同事幽泉又歲月無良遂別塋壙衆子未窆莫能再縈嗚呼人道所悲傷矣以今載十二月四日遷殯於京兆府長安縣龍首鄉之原也代移世久墳壠權殘刻石爲銘婉叙夫人之德銘曰　食邑之家捨於珠閨簪纓之族衣無重綵六行所脩四德兼載謹慎閨門善

意無壞太山南指消水東邁歲月蒼蒼記之永代

此誌無書者姓名驗其筆迹與張希古誌絕似亦鴈門田穎書也夫人夫元忠食邑鴈門希古食邑馬邑皆在今山西大同府穎籍其地故爲書誌二張蓋族人也誌中貌作貇態作悉自阻以後阻當作殂宦作宦善作善權作權代易世久世字不避太宗諱闕筆去天寶九載去當作以然唐誌以去作以字用者甚多僧恩道誌云去至德二載春秋八十有一解進誌云去元和四年三月四日疾終尹澄妻朱氏誌云去開成四年告終于私第皆是如此蓋當時習俗相沿

有此用法也

韋某

大唐故韋君府墓誌銘 篆蓋

是誌二石惟蓋石完好府君誤作君府篆文亦劣甚誌石爲後人所劃僅存天寶十二載依稀可辨餘字全泐

孫志廉

唐故內侍省內常侍□府君墓誌銘并序 朝議郎行陝郡平陸縣尉申堂搆撰 文林郎行文部常選上柱國南陽韓獻之書 公諱志廉字惠遠富陽人也昔吳

稱帝業飛龍鬱起於江東漢辟賢臣易道超来於北海彼德高致遠者蓋則其先故知族茂慶流弥蒙消後口口之口口口之第六子也承家之績克奉徽猷風姿瓌然自幼及長智識天與藝能師資既得時以自致寔負才而見口服勤就養竭力盡忠承顔不違虔心至孝居公守道在職惟賢適褐授儒林郎拜内謁者監陟資躡進俄遷朝議大夫守内常侍朱紱弈弈儀容堂堂言語侍從之臣左右中涓之任淵慎攸止咸當聖情君恩曲臨殊私薦及出入鴛鸞之殿栖遊日月之宮踈紫鷰於香街捧金輪於馳道者蓋得其忠焉公以勢莫久居了

真空而是觀所歸正信悟即有而得口于以運短道長功存己沒天寶十二載十一月十一日寢疾終於咸寧縣來庭里之私第時春秋五十二夫人則天水郡趙氏之女作嬪叶禮于飛有光先夫亡沒三歲而已即以明年夏六月八日合葬我府君夫人于長樂原之禮也天子以舊臣可重軫念于懷既贈之以粟帛復爰申于吊祭喪事之日人力借供嗚呼生榮沒哀身沉譽在繐帷已故石槨猶新掩泉戶以窆幽慮桑田之有變將刻石以斯著庶不爲冥冥君者乎乃作銘曰　名家令族孝子忠臣禮義及物賢良立身鬱鬱芳猷堂堂雅重白珪

無玷玉扆有嘗宮因德建龍自勤樂侍衛宮禁輝光日生上壽未央於焉卒歲落影西沉巨川東逝日日晝短黄泉夜長佳城寂寞原野悲凉美石已刊功名口口口口口游千秋不口

是誌向在咸寧農家乾隆四十三年畢中丞移至靈巖山館文字甚完惟府君之姓獨剝蓋爲鄉人椎去潛研堂跋據文中吴稱帝業等語定其姓爲孫氏孫氏爲富陽望族三國吴之裔也故云吴稱帝業飛龍欝起於江東北海爲孫姓郡望後漢有孫賓碩年二十爲趙岐所知又有孫乾劉先主牧徐州辟爲從事

皆北海人又有孫期成武人習京氏易爲黄琬所辟此云漢辟賢臣易道超來於北海未知所指爲何人撰文之申棠構丹徒人殷遙選其詩入丹陽集稱其爲武進尉不云平陸韓獻之行文部常選天寶十二載改吏部爲文部吏部常選見前潘智昭誌文中釋褐誤作適褐銘中雅量誤作雅重又紫燕馬名別作紫鷰禮也上衍之字説前見杜某誌文末云庶不爲冥漠君者乎冥漠君見前薛稷杳冥君銘

劉元尚

大唐故雲麾將軍左監門衛將軍上柱國彭城縣開國

公劉府君墓誌銘并序　通直郎前行右武衛騎曹參

軍寶忻撰　鴈門田穎書

君諱元尚字元尚彭城人

也出自軒皇之後繼乎元武之嗣長源遠派□裔于公

焉祖□高道不仕父□居心物外混迹人間絶粒歸真

澄神息念公稟靈□得風雲之氣感嶽瀆之精茂感有

奇與同年而特異弱冠從仕於□衛而超功蕳在帝心

於斯爲美解褐拜掖庭監作大食市馬使燕王市於駿

骨伯樂顧之龍馬遂使三軍迎送萬里循環榮寵是加

趙公内寺伯也復爲骨利幹市馬崎嶇百國來往三春

逼風躍而奔騰逐日迴而来獻遂加公謁者監奚首領

屆宴于倭擾倏亭攙亂軍旅公密奉綸誥勒公討之則
知聖澤推賢畢容得士公有坐帷之筭尅日摧鋒立計
之謀應時兎解特拜內侍荅公之德也北庭使劉澳躬
行勅送委公斬之又瀚海監臨宣慰四鎮兵士畏愛將
師威攝無何遷雲麾將軍左監門衛將軍攝省事寵恩
極也仍知武德中尚五作坊使國家寄重珍翫不輕妙
眩工輸巧從班氏能爲口口幹得公心出入肅清內外
皆美向一十五載考績踰深何必上口下口能無有口
況招冤謗徒有鑠詞聖上委公清慎特令無事雖去官
祿而不離家得預懸車於茲足矣 未錫樓船之號俄聞

梁木之歎惟公以天寶十二載八月十一日遘疾薨於金城里之私第春秋六十有八皇情悲悼朝野增傷以天寶十三載十有一月廿九日窆于龍原府大人舊塋合祔禮也勢搞長原氣凐秦岫崗巒縈倚宮闕崢嶸嗣子守義常選蘇瑚內給事上柱國守志宮教博士並泣血茹荼哀絰觸類氣添哽咽痛感嚅口哀笳斷絕於長空楚挽喧闐於廣陌克誠克信有慶有章用展飾終記之金石銘曰　帝軒之裔光武傳家盈門金紫寵榮華夫盛必衰有會克離聖人既則神道何爲物感推遷迹存不朽勒石題名同天地久

是誌金石萃編未詳所在誌云葬于金城里之私第窆於龍原金城里即金城坊龍原即龍首原皆在長安縣前許洛仁妻宋氏誌曰葬於金城坊里窆於龍首原可證也其曰府大人舊塋合祔者謂祔其父塋而窆也元尚充大食骨利幹二市馬使大食國在波斯之西骨利幹處瀚海之北蕃馬出貨置使掌之又曰奚首領屈突于奚有東西之別與契丹同爲北狄部落首領奚之酋長屈突其姓于其名也北庭使劉渙史無可攷唐書地理志云長安二年置北庭都護府即渙出使地也又曰武德中向五作坊使梁置左

中右三尚方令丞唐制省方字故曰中尚六典載中尚隸少府監其署官但有令一人丞四人監作四人未嘗有五作坊使及武德中尚之名目文內悖逆誤作勃逆又歲作嵗帥作師號作嗁

張安生

大唐故張府君墓誌銘 蓋篆

唐故雲麾將軍行右龍武軍將軍上柱國開國侯南陽張公墓誌銘 并序

烏能飛万里其有鵬乎魚能吸百川其有鯤乎夫鯤鵬之處者非滄海而不居非扶搖而不動豈秋潦夕吹而能加其志焉士有佐世之材者非艱難而不拔非明君而

不事豈升脊凡類而能効其節焉則我南陽張公功可著矣公諱安生譜娕淸華門多高士漢有留侯秘略晉有司空博識累葉冠冕暉曜相繼祖諱泰考諱貞並儒素隱躬遁跡不仕田園蘊道於高尚詩書襲德於風雅後曰公列爵追贈考扶風郡司馬父曰予貴以忠彰孝公駿骨天資偉貞神秀拔奇材於衆外先武略於群右景雲中屬韋氏竊權群兇暴溢擾我黔庶殘我王室公乃叶忠謀爲佐弼識潛龍必躍於雲霄知牝雞伏誅於斧質提一劒而直入掃九重以妳讎再淸京坻之天重捧長安之日謀深於周邵功越於平勃古往巳來莫之

与廷公以功高職甲者志士之讓初退後進者達人之漸故辭公侯之封就戈戟之任畢能身榮於紫綬門耀於丹戟得馮異大樹之名免蕭何小過之責有始有卒其惟公乎遂解褐授果毅二遷折衝一拜郎將再轉中郎畢于龍武將軍矣食邑九百戶公歷官無廢公務首要處事有則人莫能犯或帝居內宮則警衛嚴肅或駕行外杖則旗隊克齊其動也若鷹鶚迴迅其止也狀師虎群怖電轉星流比其速雲迴霞卷處其尊暨乎晚載自強不息者繄公而已以天寶十三載冬十一月十日寢從甍于昭應縣之官第也享載七十有一初公染疾

城中將赴湯所左右留勸怍色不從曰吾亦知難保者
命但殞隨君側以表忠誠亦知易殁者身但死在嘗間
用彰勳節使魂歸帝鄉之路心存皇闕之下須之足矣
汝等勿違言畢狀疾即行到遂終彼所謂臨事無苟憚
臨困無苟免及迴櫬于路誰不傷悼嗣子庭訓等侍疾
而捧藥淚枯返柩而攀輿氣輟夫人太原郡君王氏先
公近殁苫廬猶新縗絰重舉泣地未絶號天更哀又以
翌載春二月十二日別地塟于龍首原之禮也素墳上
築而派圓元堂下甃而深堅白雲孤飛招將軍之勇氣
緑栢旁植表武士之高節恐陵谷有遷刻銘以記銘曰

鷃之迅兮飛已絶士之勇兮謀且決臨難不懼兮忠臣節奉我明后兮誅暴孽鵷鴒貫兮鷹行列花萼忽凋兮一枝缺獨有功名兮千載存刻石泐銘兮記墳闕

是誌出自長安爲寧武楊君元泗所得張安生以天寶十三載冬十一月十日扈從薨於昭應縣之宮第攷唐書地理志京兆府昭應縣有温泉宮天寶六載更名華淸宮有湯井置百司及十宅昭應官第即其所也册府元龜云天寶十三載十月乙酉帝幸華淸宮十二月戊午還宫蓋安生以十月扈蹕湯所十一月薨於其地唐昭應今西安府臨潼縣地也天寶初

改年稱載如此誌曰天寶十三載曰又以翌載是也
而誌稱晚年亦曰晚載亭年亦曰亭載又范夫人誌
曰春秋載卅七潘智昭誌曰時載五十有六令狐夫
人誌曰時載六十有三則年壽之年亦改稱載矣惟
劉感誌曰天寶十二載月日薨以其年月日葬其年
年字獨不稱載蓋筆誤也誌內斗作升牒作媟說作
兌儒作儒爵作爵扶作狀貌作負勃作勃蕭何作簫
何終作殄柩作柩苫廬作苫廬蔞作藥涗字見周禮
春官及考工記說文云財溫水也一曰沐灰汁此云
刻石涗銘未詳所出唐人書世字皆以避諱缺筆此

云士有佐世之材者世不作廿禮也上衍之字說足

前杜某誌

古誌石華卷十二終

唐九

張希古

大唐故游擊將軍守左衛馬邑郡尙德府折衝都尉左龍武軍宿衛上柱國張府君墓誌銘并序　鴈門田頴書

噫夫蒼穹不仁殲我能幹德星落彩和璧韜光者歟爰我所珎清河張公字希古晉司空華之裔緒也惟祖厥父耿逸馳芳兢惕怡然匪干榮祿優游自得凛霜松之操岐嶷孤拔挺風雲之氣公負河岳之粹英育辰象之靈質亭亭高聳遠振雄名傑傑威稜龍城獨步門

延賓侶豈謝季倫精舍樓臺有齊須達加以武畧兼著
公忠必聞歷踐榮班宿衛清禁累遷馬邑郡尚德府折
衝都尉游擊將軍上柱國員外置同正員莫不獻册膽
於玉階輸腹心於金闕惟謹惟勵不愆不瑕豈意二豎
興災兩楹摘禍藥物無護酷裂所鍾白日長辭黃泉永
赴則以天寶十四載十月十七日終醴泉里之私第春
秋七十有三天寶十有五載四月二日窆于鳳城南樊
川之北原禮也太夫人天水趙氏恭而有禮時稱孟軻
之母珪璋挺美松竹茂心誕三子長曰行璡次曰崇積
並武部常選季子談俊衛尉寺武器署丞嗚呼誰免乎

榮枯適覩全盛今已淪殂梁木折太山頽三子將
女情摧咄嗟人代天道邅迴其詞曰　公之英聲振區
宇兮公之勇義如龍虎兮彼上蒼蒼何不仁兮奄殄我
之至所珎兮泉門此日一關閉兮玉顏何春再相謁兮
表余平生情懇至兮餝琬炎以鑿銘記兮　天寶十五
載歲次景申四月甲申朔一日甲申建

誌云公字希古不言其名三子官不顯於父而稱其
妻曰太夫人非禮也序云殮我能幹銘云奄殄我之
至所珎兮蓋以殮奄字作殲字用又懲作懲閉作閇
餙作餝丙申避太祖昞字諱作景又避中宗旦字諱

改景作景唐人書但量景畫亶暨等字皆避旦字改
但量景書亶暨故此誌遭字亦作遵也

僧思道

威神寺故思道禪師墓誌　和上俗姓師諱思道絳州
夏縣平原人也氏縱其志七歲出家人推其聡十八剃
髮事人不事愚至不爲同鵲巢于頂之年濩浮囊無缺
之日次就有德轉相師師禪行法門戒律經論耳目聞
見紀之心胷緇錫来求舒裾欽仰聽習者鶴林若市頂
謁者鹿菀如雲去至德二載春秋八十有一僧夏六十
一時催二鼠妖纏十夢其年十二月示身有疾隨爲衆

生其月三日黃河流竭坐般涅槃驚慟知聞悲覃飛走孫威神寺主僧承嗣玉内摧裂躃踴擧號聲竭潸哀淚盡續血至乾元元年十二月二日遷於條山之側胄子堀頭禮也詢問其地取人不爭砥柱東橫汾河西澍青臺鎮北鹽池臨南崒尔堀頭卜擇安厝雖則天長地久而恐代易時移陵谷改遷斯文不謬其詞曰：緇門積疊寶樹崩摧法消蓮座魂滋夜臺條山陰麓歸然堀頭碧巖引吹淸澗繞流和尚登兮舊賞功匠興兮今修建崇塔兮數仞瘞金骨兮千秋

誌云遷於條山之側條山即中條山在蒲州跨夏縣

解州之界砥柱峯在平陸縣黄河中流汾河由趙城過絳州界鹽池在解州思道臺地當在蒲解相接處誌中髮作髪鶴作鸖苑作菀繹作纆砥作砠瘞作瘗

新平郡王儼

大唐奉天皇帝長子新平郡王墓誌銘　韓述撰　維永泰元年歲次乙巳二月十七日新平郡王薨於西京之内邸春秋四十一粤以其年五月七日遷窆於萬年縣龜川鄉細柳原禮也王諱儼字伯莊睿宗之曾孫元宗之孫奉天皇帝之長子也幼而溫良夙乃碩茂動皆執禮言必稱詩皇孫之中德行推美周邦右戚漢典閒

封代繼讓王之尊親承太伯之嗣先朝友愛奕葉遵崇常佳南楚之風毎歎西園之月仁者不壽遘疾而終皇上軫棠棣之悲懷鴈行之慘輟朝震悼義切天倫鸞隧云封龜占從吉俄辭舊邸言向佳城近灞陵之高原當細柳之古地丹旐將引元甲啟行器備飾終禮有異等嗣子年在童幼執喪而哀諳塟之儀悲深先遠豐碑之窆之詞在刊銘銘曰　文昭武穆天孫帝子好古推賢樂善歸美親承太伯業繼賢王漢屏斯重周卿有光人閲於水夜遷於壑長坂蘭摧小山桂落細柳之地灞陵之川泉扃一閉幽隧千年

儼元宗子琮之子也無後以太子瑛子倸嗣王爵

王訓

大唐故光祿卿王公墓誌銘并序　前秘書監嗣澤王溍撰

公諱訓字訓瑯琊臨沂人也永穆大長公主之中子夫周文授圖靈王纂曆誕我太子晉晉有儀鳳之瑞瑞流子孫粤王氏焉爲異姓首曾祖知道皇贈魏州剌史祖同晈皇光祿卿駙馬都尉贈太子少保尚定安長公主父繇皇特進太子詹事駙馬都尉贈太傅尚永穆長公主龍種鳳鶵長淮積潤文武間出衣冠冕繁譜諜稱之豪族鍾鼎傳于不朽公文備四教學通六藝博

閑雅豊厚德高明三歲尙輦奉御四轉至光祿卿早季娶嗣紀王鐵城之季女也夫人尋逝有女方笄生人之哀孤遺之極後尙博平郡主癸卯歲居鄧州别業因中風疾遂還京師公主罄茲上藥竭以秦醫千攘萬療月衰日羸若使經方有微公亦保合于永季矣嗚呼春秋卌一大歷二年己月癸巳奄終鳳樓之右中使弔賵度僧尼以追福公主崩心震悼哀過禮經孝子郯柴毁骨立古今未聞其季八月七日遷厝萬年縣滻川鄉川原之禮也嗚呼生涯畢矣龜𢓜斯安靑門始啓朱輅方引返哺之聲絶矣倚門之望休焉銘曰　龍渠之右鳳樓

之東岡原夾輔卜宅叶同山開黃壤地列青松萬古已
矣千年寔封多才多藝惟聰惟惠如松之盛如川之逝
陵谷將平石記爰旌長懷令德永頌英聲

訓祖同晈唐書本傳相州安陽人此云瑯琊舉族望
也同晈傳但云陳駙馬都尉寬曾孫而不載其父名
知道又載子孫尚永穆公主生子潛而不及訓唐書
公主傳云中宗八女其三曰安定公主下嫁王同晈
同晈得罪改嫁韋濯濯誅又嫁崔銑志作定安與傳
異傳又云元宗二十九女長曰永穆公主下嫁王繇
即訓母也同晈及繇贈官皆傳所未及訓初娶嗣紀

王鐵城之女宗室表作鐵誠後尙博平郡主而下文云公主罄茲上藥公主崩心震悼此公主郎謂博平前稱郡主後稱公主所未詳也撰文之嗣澤王溓見宗室表義珣子也表載其守光祿卿其歷官祕書監亦所未及誌中雛作鶵極作㮕禳作攘岡作罡將作將旌作旍禮也上衍之字說見前杜某誌

僧義琬

唐故張禪師墓誌銘并序　　香山禪師諱義琬字思靖俗姓董氏河南陽翟人紹嵩岳會善大安禪師智印法歲廿七卌齡五十九開元十九年七月十九日長天色

憏褰樹凝霜頂白方面赤方右脇枕席左辟垂脥言次
寂然奄魂而歸舉體香軟容華轉鮮感瑞嘉祥具載碑
録師未泥洹先則元記吾滅度後卅年内有大功臣置
寺度遺法居士爲僧卅五年後焚身留吾菓園待其時
也果廿八年有文武朝綱口國老忠義司徒尚書左僕
射朔方大使相國郭公立額於居士拜首受僧奏塔梵
宮牓乾元寺法孫明演授禪父託塟祖黄金述德於中
書令汾陽郡王郭公徹天請号焚塟借威儀所由撿校
大曆二年二月汾陽表曰義璇禪行素高爲智海舟航
是禪門龍象心趣覺路遊近時俠身歿道存寶資[illegible][illegible]

伏望允其所請光彼法流其月十八日勅義琬宜賜謚
号大演禪師餘依擇吉辰八月十九日荼毗入塔今卌
載無記不從大禪翁也行慈悲海得王髻珠施惠若春
研芳吐華破邪寶劍見網皆除業爲學山萬法包納練
行瀫寀方能口天塔摩青霄砌下雲起星龕月戶面河
背山清淨神虛庶幾銘曰　行破羣邪業爲學海戒月
清空心珠自在塔面長伊鈴搖岳風動天威力無住無
空

禪師俗姓蕭氏標題處又稱張禪師何耶文云頂白
方面亦方者言其示寂時首在西面向南也相國郭

公即郭子儀永泰二年子儀留守東都僧以額請至
大歷三年二月子儀自涇陽入朝始爲表上之也乾
元寺在河南府城西南三十里志中滕作賸梵語泥
洹死也荼毗焚化也

元鏡遠妻鄭氏

唐故左武衛郎將河南元府君夫人滎陽鄭氏墓誌銘
并序　陸渾縣丞鄭涼撰　夫人鄭氏滎陽人也左衛
兵曹撤愛之孫陝州平陸縣令岳之長女世承官族時
謂盛門年十八適河南元鏡遠貞姿雅操爲閨門之表
武夫人師心道流早棄華飾薰茹不味日唯一飯者卅

年於茲矣誠宜天佑其福享以永壽何神理之不明而喪此貞善以大歷四年八月十六日遇疾終於緱氏之別業春秋六十有三子三人長曰溥次曰渙季曰鴻皆夫人鞠育成立有慈無成夫人屬纊之際敕溥等於龍門安置溥遵其理命以其年十一月廿一日安厝於龍門東山南原單車送終儉而得禮恐歲月遐遷失其姓氏敢述平生誌於貞石銘曰　滎水長源緇衣襲慶廿傳冠冕八唯貞正早棄浮麗歸心道門六塵無染一念長存伊水之左龍門之側封樹佳城歲年萬億　大歷四年十一月廿二日

尼如願

唐國師故如願律師謚大正覺禪師誌銘 楷蓋 大唐

真化寺多寶塔院故寺主臨壇大德尼如願律師墓誌

銘并序 勑撿校千福寺法華道場沙門飛錫撰 隴

西秦昊書 大歷十年歲次乙卯五月廿九日律師薨

于長安真化寺之本院律師法諱如願俗姓李氏隴西

人也申公之裔簪袂之盛豈真寶乎律師天生道牙自

然神秀十一詔度二十具圓弥沙塞律其所務也分甄

之義不殊拼金之理斯在律師僅登十臘聲實兩高邀

臨香壇辝不見允望之儼然即之温然其慧也月照千

潭其掾也松寒萬嶺乃曰威儀三千吾鏡之矣度門八
万復焉在哉遂習以羅浮雙峯無生之觀位居元匠矣
我皇帝纂聖君臨千佛付囑貴妃獨孤氏蔦蕈蘊德十
亂往時授道紫宸登壇黄屋因賜律師紫袈裟一副前
後所賜錦綺繒帛凡數千疋以旌其高琛乎盈庭了無
是相道何深也由此勑書壘篋中使相望御馬每下於
雲霄天花屢點於玉砌絺構多寶塔繕寫蓮華經環廊
繚絙金刹糊燿額題御札光赫宇宙皆吾君之特建亦
貴妃之爲國宏哉噫律師擲鉢他方應遽還於靜室散
花上境何便住於香天顏貞如生若在深定曲肱右脇

湛然已滅春秋七十六法夏五十六具以上聞皇情憫焉中使臨吊賻贈之禮有加常等律師累聖欽若三都取則意澹江海心閑虛空而今而後恐難繼美於戲六宮誰授其髻寶入部孰示於衣珠覺路醒而却迷人花茂而還落哀哉弟子長樂公主与當院嗣法門人登壇十大德凝照惠照澈琮悟眞資敬寺上座洪演寺主李回律師眞一遠塵法雲寺律師遍照等凡數千人則懿戚相門愛道花色而爲上首忽悪宗匠如覩鷄林即以其年七月十八日奉勅法葬長安城南畢原塔之禮也素幡悽於道路丹旐慘於郊扃式揚國師敢爲銘曰

紫袈裟着彼何人已了如來淸淨身登壇不向明光殿
去去應超生死津　廣平程用之刻字
僧尼之化未有稱薨者如願爲隴西李氏申公之裔
當是宗室女故書薨以別之獨孤氏本代宗貴妃大
歷十年薨追冊爲皇后謚曰貞懿長樂公主爲肅宗
長女始封長樂徙封宿國下嫁豆盧湛誌中裔作襄
析作栟葛覃作葛蕈旌作旌袈誤作架數作𢿱璨作
璨刹作刹貌作皃喪作丧鶴作鸖幡作憣銘詞用七
言四句蓋倣彼教中說偈法爲之非銘體也又禮也
上衍之字說見前杜某誌

盧濤

唐太原府司録先府君墓誌銘并序　遺孤第二子前大理評事杞謹撰并書　府君盧姓其先姜氏范陽人焉七代祖後魏司徒敬侯尚之之裔鹽山縣尉知誨之子諱濤字混成秊十九明經擢第常調補安德縣尉佐幕遷左監門録事參軍轉西華縣令太原府司録咸以抱德經物不言而治示清白而觀國藴仁孝以克家況學富文高禮崇身儉穆穆棣棣夫何言哉嗚呼昊天罔極灾我于欒棘皇天不弔殃余乎蓼莪天寶十二秊癸巳九月遘疾精誠無感禱祠不降冬十月弥流大漸五

日壽背於官舍春秋五十有三長子楹不幸短命無祿而終哀哉次子杞前大理評事栝前杭州餘杭尉札前潤州丹楊尉楨傎構等不天在疚泣血存禮其秊十一月十八日安厝於河南縣萬安山之陽夫人滎陽鄭氏易州司馬嗌之女也至若螽斯之德鳲鳩之仁為三族九姻之靈龜明鏡矣及先君違世繄夫人撫鞠教導訓誘克遂成立享秊六十有三大歷十秊乙卯二月卅日傾背於壽州霍邱縣安定里之私第杞等殃罰罪苦孀柎崩裂無顧無腹何怙何恃明年景辰十一月乙卯十六日庚子歸葬于本塋合祔從周制也欽若祖德詒厥

孫謀恭惟懿範冈敢墜地於戲撰德行存圖史誠孝子
之節著誌銘幽礎衛際何申係曰　於穆烈考猗那文
母道光邦國德振今古恩皇多祜維清緝熙休有烈光
子孫其保之嗚呼蒼天白日昭昭青松嫋嫋冥兮窅壽
堂門兮切孤嶺　龐英幹鐫

誌在洛陽縣盧杞爲其父濤撰并書此盧杞與德宗
時宰相盧杞別是一人然其世系皆出范陽宰相盧
杞爲御史中丞奕之長子此盧杞爲濤之次子誌云
濤爲後魏司徒尙之之裔鹽山尉知誨之子以唐書
宰相世系表證之知誨爲後魏祕書監陽烏之九世

孫而何之則陽烏之季弟也與誌不合蓋表誤爾

杜濟

唐京兆尹兼中丞杭州刺史劍南東川節度使杜公墓誌銘　友壻顔眞卿撰　九有無廢行師貴於衽席四方取則鈎鉅貪乎浩穰誰其有之則杜公其人也公諱濟字應物京兆杜陵人皇主客郎中續之曾孫明堂令知讓之孫贈太子少保惠之第三子姿度韶舉心靈敏達在家必聞既蘊睦親之志所居則化多稱不器之能解褐南鄭主簿州主司馬垂引在使幕轉長社尉隴西法曹皇甫侁江西採訪奏爲推官授大理司直攝殿中

侍御史賜緋魚袋尋正除殿中歷宰渭南成都三縣緜州刺史賜紫金魚袋戶部郎中加朝散大夫廣德中檢校駕部郎中上柱國充嚴武劍南行軍司馬杜鴻漸分蜀爲東西川以公爲副元帥判官知東川節度拜大中大夫緜劍梓遂都防禦使梓州刺史兼中丞時寇盜充斥公示以威信人將之不隕公之力焉尋拜東川節度使俄而移軍復爲遂州都督徵拜給事中間歲拜京兆少尹明日遷京兆尹出爲杭州刺史公務清簡庭落若無吏焉不幸感風疾以大歷十二年歲次丁巳秋七月二日辛亥薨於常州之別館春秋五十有八夫人京

兆韋氏太子中舍迪之第三女也沈敏精潔高明柔克幹決之蠱以懋厥家生三子四女而公即世夫人星言晝哭躬護櫬輀與子鼒以冬十一月二十有四日壬申歸窆公於萬年縣洪原鄉之少陵原祔先塋也嗚呼以公之志業才力宜其振揮鱗翮淩厲清浮而命迍底山功虧長世吁足恨也眞卿忝居友壻亟披周行痛音徽之永惕感存歿其何已銘曰

藹藹禺禺時維杜公業光臺省政洽軍戎乃尹京兆乃麾江東帝方倏理命則不融內子護喪哀哀送終

是誌宋時出土集古金石二錄皆載其目至宋敏求

採入顏魯公集其文始傳

涇王妃韋氏

大唐涇王故妃韋氏墓誌銘序　給事郎行河南府洛陽縣丞翰林學士賜緋魚袋臣張周撰　夫必有婦其尙矣先務德禮次求容功兼而有之方謂盡善不尒則不足以侍執巾櫛宜其室家故詩稱好逑傳著嘉偶非必獲是孰媲名王妃姓韋氏蓋京兆長安人祖浞皇朝中散大夫賴王府司馬贈光祿卿父昭訓皇朝中散大夫太子僕贈衛尉卿皆公望自遠吏才兼優來以何暮見歌去以不留興詠妃即淮陽府君之第四女也自漢

及今門爲望族男不卿士女則嬪嬙蟬冕魚軒与時間
出騰光藺諫昭晰紛綸妃蕙以爲心馨其如苣詞懿而
定服純而衷位則千乘小君行則一人猶毋雖貴無壽
命也如何嗚呼享年四十八以建中二年十二月己酉
薨于寢以三年二月庚申葬于原禮也存不育男孕女
浸無主祀執喪有足悲夫銘曰　閟右著姓海內名家
氣与蘭馥顏如蕣華宜乎作嬪于王之室如何不淑中
路先畢松欑交植塗芻共來一晝朝露千秋夜臺月覩
原野心傷煙沒日光既沉人亦薰歇中無可欲焉慮發
掘促恨長辭獨歸城闕

唐書宗室傳涇王侹肅宗第七子始王東陽進王涇妃祖韋濕父昭訓皆見宰相世系表濕齊州刺史誌稱昭訓爲淮陽府君謂其曾任淮陽故父子皆以吏才著也誌中冕作冤純作紑寢作寑

李棊妻賈氏

大唐故宣州宣城縣尉李府君夫人賈氏墓誌銘并序

夫人諱嬪字淋容長樂人也其先晉唐叔之後因別封而族焉遠祖誼以文傳長沙桓王漢帝膝之前席洎王莽末襃祖復以創命功遂圖雲閣旌美之則本仁義泙文質守忠信者良亦多矣祖王父藝易州遂城縣令

王父元操洛州洛水縣令烈考彦璿朝請大夫閬州刺史皆種德前烈温温其恭澤流子孫世濟於美夫人妙閑閨壼明練威儀婉娩潛會於徽容工巧冥資於柔德有行之歲儀鳳于飛聞既見之詩而誓心永畢公隴西人也舉賢良授宣城尉其餘官聯列於別傳故不書遂能宮徵調和塤箎韻叶奉蘋藻而脩盥饋朝舅姑而事組紃噰噰喈喈闘唱必和豈圖昊天不弔殲我良人夫人感恭姜之遂孤痛顏子之不幸至哀而哭不在夜居室而動必合礼遂貞其節潔其名守其嫠矣以從父之弟任於茲邑因臻焉又能恤孤弱以慈睦天倫以孝優

遊自得喜怒不形誰謂六極俄鍾遐齡不享以建中二年二月十二日寢疾奄終于趙州元氏縣之官舍淡族銜哀舉門抱痛春秋七十有六無子有張氏女一人泣血毀容殆將滅性以其年三月廿三日窆於七義原權礼也合防之志今則未從同穴之言他年奚復從子文則哀廹懇到寄詞于石銘曰　於昭祖宗誕膺明哲爰涓夫人克勤礼節人欽嘉行族藹休聲心存大順志絜孤貞嘉行伊何合於內則休聲伊何軌儀不愆物終歇滅道有湮淪哀哀孝女盡我生人一扃泉壤万歲千春

後一千三百年爲劉黃頭所發

是誌道光三年出土自唐建中二年至此祇一千零四十三年與誌未所記年數不符謚書誌者好異爲之不足怪也廣韻賈姓出河東周賈伯之後春秋國名致唐叔虞少子公明封於賈晉滅之以爲狐偃子射姑采邑故云别封而族漢賈誼以單閼之歲在長沙作服鳥賦單閼卯歲也文帝前六年歲在丁卯史記漢興以來諸侯年表文帝前六年爲長沙靖王吳著四年漢書吳姓諸侯王表作吳產吳芮傳作吳差則誼所傳者乃長沙靖王誌云桓王誤也誌中世字不缺筆虒下虎字缺中書賈氏父彥璿嘗爲李無慮撰誌見前卷

古誌石華卷十三終

古誌石華卷十四　　三長物齋叢書

唐十

彭涚

唐瀛州景城縣主簿彭君攢殯誌銘 并序　前幽州潞縣尉王諫撰　有唐建中二年歲次辛酉十一月三日瀛州景城縣主簿彭涚字巨源卒于官明年十有一月季弟宇長源迎神葬於古漁陽城北釆貴里之原存殁急難於此極天倫之感君之先世祿至高祖奕葉瓊枝在邦已聞曾祖順皇朝都水使者祖泉御史中丞嶺南採訪考攄梧蒲州司馬生君身長六尺性倜儻善屬文

工揩祿廣德中有季父仕於恒回省遇乱来遊幽薊与
宏農楊鏻太原王諸河東柳挺以文相友爲當時高唱
及太尉遂寧王司徒義陽公曾衛吏榮秉旄此府恩殊
寄重深沉朱戶君嘗繡服曳裾宴語東閣雖梁邸之待
孫羊寶家之歡崔班彼一時也無何張惟岳以恒趙叛
有詔司徒討逆議者若師出乎瀛莫之間扉屨資糧佇
我文吏君解巾始拜此職縣与賊隣防虞初闕聲漸之
盜起於倉卒長吏請避祋君曰擊柝待暴家人存備況
國邑乎苟口 以下缺

誌凡二石佚其一故文止存半彭君未知何所人隹

於瀛州遂葬其地故題曰權殯唐瀛州隸幽州盧龍
軍今爲直隸河間府獻縣地也撰文者爲潞縣尉潞
今北通州誌出其地今在州署案太尉遂寧王朱泚
也司徒義陽公泚弟滔也相繼爲盧龍軍節度使彭
涚以景城主簿爲滔所屬時鎮冀成德軍節度使李
寶臣卒其子惟岳求襲父位帝不許遂謀拒命詔朱
滔及成德軍節度使張忠孝合兵討之再破其軍詳
唐書藩鎮傳誌云張惟岳以恒趙叛詔司徒討逆卽
其事惟岳父寶臣本范陽奚初爲張鎖高假子遂冒
姓張氏及拜節度賜姓李舊書代宗紀大歷十三年

寶臣抗章請復姓張氏從之故惟岳父子史稱李氏而誌則仍稱其所冒之姓爲張氏恒定易趙深冀滄七州皆成德軍所轄時朝命以張忠孝代其軍故惟岳以恒趙叛也宏農楊鏻字文豪懿宗宰相收之子官至戶部尚書附見收傳舊唐書睿宗紀景雲二年四月癸未分瀛州置鄭州誌云師出於瀛莫之間莫即鄭也元宗紀開元十三年改鄭爲莫

張希超

成紀府左果毅張公墓誌銘　公諱希超字少逸其先淸河人也漢末因避地過江遂居於杭州臨官縣焉祖

楷成王府諮議父徵隱遯邱園高尚不仕公卽徵之次子也公性寬惠和材兼文武行必由本言皆中規忽以貞元元年五月五日寢疾終於袁花里之私第享年五十有七卽以其年十月十一日遷窆於皇堌村北平原禮也公有一子曰灞少習典墳游心文圃銜悲泣血願有誌焉其詞曰　高岸爲谷深谷爲陵千年萬歲惟斯可憑

李丕

故莫州長豐縣令李君墓誌銘　唐貞元三祀五月故長豐宰李君丕卒於幽州潞縣嗚呼逝水古今悲夫公

隴西人也世襲軒裳地濤才幹曾祖知禮宣州司功參軍祖懷璧沂州陳留縣丞考□許州鄢陵縣令公洒然深心抱義育德士林咸器重之乃昌言薦於元戎遂徵辟爲潞縣丞佐理高標令名遠著後壘綬長豐化百里之風樂四人之業俄改任莫州司法參軍蘇息萌隸鈐鍵姦譎凡登仕踐位時議茂宰良掾也每處其厚不居其華果行溫良發言砥厲豈期餘慶罔祐而禍兮有階故鵩鳥作孽二豎爲祟沉疾於故林私第即代之日春秋六十有三無嗣夫人元氏晝哭靈帳恨無三從傷肝膈之瘵憤痛終身之惸獨長女適河東柳氏名峴試太

常寺奉禮郎感深仁之厚恩盡半子之禮節力窆棺櫬手植松楸扶塗車封馬鬣粤三年建子月葬於縣之南三里潞水之右託一片之瑰炎紀平生之徽猷俾山壑之變風烈有遺而爲銘曰　屹然孤墳長城之東死生永隔天地不同吁嗟英靈窮泉之中悄悄原野且暮悲風

誌在北通州文昌殿壁近年出土四民之業即世之日改用人字代字避太宗諱也

韋端妻王氏

大唐華州下邽縣丞京兆韋公夫人墓誌銘 并序

京

予前鄉貢進士穎讜撰并書　維唐大歷十三年三月廿五日韋公夫人遘疾終于長安親仁里之私第夏四月遷殯萬年縣加川鄉西原時無良禮不備故也貞元庚午歲二月廿三日卜叶禮具遷葬洪固鄉韋之舊塋祔皇姑也享年卌九孝子之感備焉夫人姓王氏其先太原晉陽人也九代祖亮後魏比部尚書西河郡公尚書令中山郡王叡之弟也曾祖貞行有唐汝州葉縣令祖怡河南尹東都留守初爲御史正惲毅息父瞰京兆府奉先縣丞夫人少喪怙恃終鮮昆弟年十七歸於下邽公公五代祖孝寬周爲大司空隋爲雍州牧其後登

三台列八座熀煌國史此不具舉夫人惠和懿柔禀之自然故葦□門大放茂能畢以自約極上接下而人無間言事姑惟勤□夫以敬踰廿載婦道睦如也嗣子均育免懷就傅親賢懋□母儀温如也華靡不改欲榮耀不汩志安買臣之尙貧之□□之未遇敬孟齊□梁鴻比德君子謂之無媿偉宜乎鍾壽畀□□何先露早廿時□彼蒼仁者之慼嗚呼哀哉有子五人曰績曰潔曰系曰縉曰紆免三年之喪茹終身之痛恭守儉薄爰卜安地封樹將立日月有時攀塗車而莫及斬泉扃以罔極恩盡甚泉悲長霜露是用初述景行式揚幽芳銘曰

行備德充反躬哀子泣盡良人室空啟殯還鄉
魂安孝終松櫝有折慕思無窮　貞元六年二月十九
日書
幼而無父曰孤統母而言也喪稱哀子兼父母而言
也後人乃以孤子哀子孤哀子爲喪父喪母父母俱
喪之別然喪母稱哀子漢碑中已有之在唐則見於
碧落碑及此誌其父母俱喪以孤哀二字合稱則自
宋儒家禮始前此未有也唐書宰相世系表鄭公房
韋氏有韋叔裕字孝寬隋尚書令即誌所稱五代祖
孝寬也表云叔裕六子其第五子曰津津五子其第

二子曰琬琬六子其季曰季弼季弼一子曰廉廉二子其次曰端端即誌稱下邳縣丞韋公也表未載其官由端至叔裕爲五代誌載韋公五子表僅載端子二人曰績曰紓佚其三人

閻某妻張氏

大唐故清河張夫人墓誌銘并序　宏農楊瓚撰　外孫子背彭城劉釗書　夫人号威德清河之族積善承家祖考諱迟昌二女曰不忝世賢園林隱跡夫人既笄之後嬪于閻氏婉順和睦克柔母儀淑慎於家聲聞於里況乎先覺早悟色空齋戒在心持念閉目奈何善不

增壽命也自來染疾月旬歲過不減貞元八年二月廿
八日終於京長安縣義寧里之私第春秋六十有九即
以其年五月十八日擇兆吉辰葬於長安城西龍首原
之禮也嗣子庭萼右龍武軍宿衛忠孝之道毀絕過禮
次子庭琢右羽林軍宿衛邠州節度使尚書張獻甫奏
赴行營遂忠於國孝不並行報哀之情昊天何極嗚呼
痛哉又足悲也一女四德嫡于白氏半子之分禮以恭
仁攀慕痛深將刻斯石其銘曰　淸河夫人嫡于閻氏
二男一女忠孝誰理其一　公之獨守痛絕靈机四時定
省頼之半子其二　楚挽送終染疾一周死生命也念之

何求　其三　孤墳嶄嶄松柏颼颼泉門永掩萬古千秋其
四　外孫太清刻字
撰文之楊瑄唐書宰相世系表元宗相國忠之子也
官太常卿書誌之劉釗爲閻氏女適白氏者之壻故
自稱外孫子聓聓古壻字也干祿字書壻正聓通聟
俗蓋一變爲壻再變爲揖三變爲聓四變爲聟皆由
胥變爲咠致悞釗字音義未詳刻字之外孫太清即
適白氏女之子也倘書張獻甫唐書附見其父守珪
傳閻氏次子庭珍蓋爲獻甫所辟死於邠州而其長
子庭蕚又以龍武軍衛士赴直故四時定省賴之自

氏壻家誌中延作込適作嫡閑作閇擇作檡號作[illegible]

今俗謂壻爲半子此志云半子之分爲俗語所始

王庭瓌妻馮氏

大唐故扶風郡夫人馮氏墓誌銘并序　前邠州三水縣令史恒撰　夫人門傳高族鍾鼎承家既笄之年配于君子即故通議大夫行內侍省內侍員外置同正員太原王公庭瓌之夫人也公則厲節立身忠以奉主出承王命入侍禁闈累秩成勞頻遷祿位何期不壽逝我良臣以興元元年薨於私弟夫人孀居苦節脩禮從家婉順執心三隨婦道常依釋眾齋戒有時早悟空緣精

持眞諦奈何積善無徵德昭禍及昔掩空堂梧桐半折今歸厚夜琴瑟兩亡烏呼哀哉又足悲也貞元八年歲集壬申九月廿八日終於京大甯里之私第春秋五十有六即以其年冬十月廿七日合祔於長安縣龍首原送終禮也嗣子德進次子德逸次子德遜晏等孤女適于劉氏並號絶擗地毀骨傷神痛割於心昊天何極恐陵谷遷變託石銘云　太原王公厲節奉公不圖早世禍降先薨邵君夫人四德能恭生之秦晉死之穴同

梁恩

上柱國梁府君墓誌銘　君諱恩字恭其先安定人也

昔秦仲伐西戎有功周平王東遷封少子康於夏陽梁
山因而命氏其後竦因才著冀以榮稱禮樂弓裘千載
不墜曾祖志誠祖從政父當意並立德立言爲龍爲光
前史詳矣君幼童儒素長好交游義及友于信誠鄰里
不義榮貴以素琴濁酒爲娛屬荒郊有事大國用師公
奮不顧身埽清邊鄙特蒙累功加上柱國錦衣綵服宗
族爲榮於戲四時流謝易往難追優哉游哉聊以卒歲
大歷十二年七月三日遘疾終於家也春秋八十有七
夫人清河張氏閨闈秉德婉孌宜家遂首終身不移霜
操廣德二年八月八日奄然長往公有二子伯曰崇璧

次曰處濟孝情克著追遠思深遂展盟儀旋開兆域以
貞元九年歲在癸酉十月十四日卜麟鳳福慶之穴得
雞犬鳴吠之辰合葬於平遥城西北一里脩塋禮也辭
曰　寒郊十月四序旋周白日朝暗黄雲暮愁蕭蕭曠
野鬱起荒邱人世此謝泉臺路幽雖餘刓石萬古千秋

張敬詵

唐故鴻臚少卿□□□君墓誌銘并序　鄉貢進士河
東薛長孺撰　張氏之先運籌帷物風靡萬代公其襄
爲公諱敬詵馮翊同川人也皇朝左金吾衛大將軍太
常卿元長府君之孫皇朝中散大夫撫州長史崇讓府

君之次子公禮度清曠育德含章蘊燕樂佐理之謀猷
懷吳周匡弼之骨梗弓裘不墜文武攸稱清貫克序加
朝請大夫以博雅周才授鴻臚少卿以公忠推德錫金
章紫綬東都副留守河南尹裴公請命公爲押衙奉上
以忠貞撫下以信義休聲遐著寮友欽之方串呂父之
榮遷染劉貞之疾以貞元十年八月廿三日卒於洛陽
縣永泰里之私第春秋六十八以其年九月廿四日窆之
於瀍澗之陽邙山之新塋禮也嗣子三人曰財重財威
財齊皆年始齔言昂昂逸兄有女五人長女從緇錄宗
剎寺次歸杜氏三女歸王氏兩女尚幼夫人樊氏淑顧

傳芳霜明勁節移天墜翼同穴後時哭不絕聲撫孤增慟永懷陵谷變託松銘其詞云　神理茫茫兮微明忽幽入世營營兮生勞死休更相泣送兮萬古千秋隴樹白楊兮悲風颼颼

誌云東都副留守河南尹裴公諱命公爲押衙武授堂以諱爲請字以裴公爲晉公裴度金石萃編以裴公諱爲裴誨唐書誨傳未載其爲東都副留守惟宰相世系表載之長女從緇是出家爲尼也押衙誤作狎衙敬詵馮翊同川人萃編跋其妻樊氏誌云唐書地理志同川縣屬慶州順化郡今屬甘肅慶陽府馮

翊郡縣皆在今陝西同州府是馮翊與同川不能合併爲一余按陝西同州府同官縣有水名同川即禹貢之漆水貞元間或曾改同官爲同川否則馮翊其縣名同川其鄉名不然則同川爲同州之誤斷非以慶州之同川與馮翊強合也撰文之薛長儒書薛作薛唐人書皆如此儒唐人多書作儒此作儒則怪甚矣又喬作喬灑作灑隷作隸條作絛

于昌嶠

于府君墓誌銘　府君諱昌嶠字光宇本安樂郡人缺第丁文公之後近祖昭理蘇州刺史六從之孫府君立

性溫和爲人敦厚權利刋官知其禮節委以小鋪之惕
處處夕惕若厲无咎嗚呼直心奉公不保餘慶享年卌
有七貞元十一年二月六日終於家堂至七月八日葬
於新亭山之大塋禮也長子叔海次子叔政兄弟五人
弱冠小猶丱角祖母孫氏缺斬缺慈親李氏撫孤殞缺
銘曰　大塋高岡新亭之陽于子廿代千古流芳

小鋪之惕句疑有誤字

瞿令珪

唐故朗州武陵縣令博陵瞿府君墓誌銘八分書　府君
諱令珪其先本博陵越人也蓋帝嚳之末裔□□□□

□□晉永嘉二年遷於南楚曾祖詮皇長沙縣令大父
□□□□□□□□單考曰智皇國子助教纂承儒業□
□□□□向二百年□□夫人南陽張氏世傳冠蓋奕葉
簪纓府君則國子監助教第二子幼而孤大□□□弟
更相誨訓未嘗從師早歲業成各登上第府君以□□
□解褐曹州冤氏縣□□□□仕標□邑□□元年遷
峽州長□□□百里稱賢頌□□□大歷□□□安州
雲夢守節奉法猾吏秉心貞元歲授朗州武陵去獸逾
境逋亡來歸從官四任□政大夫以□□宇人□爾其
善公庭訟息□館□□慎始令終府君□□武陵謝秩

東告于歸南繼舟衆人瞻仰凡廿八載守道不仕何圖
皇天不弔降此哀禍嗚呼元穹何昧□□材賢時貞元
十二年龍集景子三月遘疾七月庚寅卒于□縣私第
夫人廣平程氏令淑有聞威儀組紃敬事□先姑□□
□以大歷年先府君而終府君享年七十有八有子三
人長曰倜官至左衛兵曹參軍次子巫鄂州武昌縣尉
少曰侶□州□□縣尉孤子倜等茹荼淚血號訴問天
覩庭戶而蕭條覩空堂而寂寞長幼孤露一門無恃以
其年十月四日遇靑烏之吉歸祔于鄂州江夏縣長樂
鄉順化里黃鶴山西麓之原禮也孤子倜散□亂□號

泣請銘謹以爲誌銘曰　於戲□□□□者則其一積善
于家肅穆清華其二克儉克勤榮祿□親其三四從歷政一
門承蔭其四天道何昧降斯災害其五神道胡欺遘此禍□
其六蘋保眉壽皇天不祐其七庭闈蕭索孤幼無託其八驚魂
慘色哀號罔極其九痛割心腸仰訴穹蒼其十壽堂伾啟遵
其經禮一十一□□土□刻万古其十二孤子側述并書
是誌宋時出土見寶刻類編永泰初有江華令瞿令
問工玉筯篆嘗爲元結書道州浯溪諸碑銘當即令
珪兄弟

王仲堪

唐故監察御史裏行太原王公墓誌銘 并序　族弟盧

龍節度掌書記監察御史尉平述　公諱仲堪字仲堪

其先太原人也奕世珪鼎紛綸葳蕤國史家譜詳之備

矣十九代祖西晉京陵公渾位掭台司功格帝室胄允

枝散遍於九州五代祖冲徙居幽州安次縣子孫家焉

今則又為邑人也為郡右族繼生才賢曾王父掞王父

幹儒墨傳家以孝悌自任故時君不得而官之矣皇考

令仙藴孫吳之術好立奇功累以勳伐稍遷大理評事

公即評事府君之元子生而岐嶷體倫剛柔越在髫年

便志於學逮乎弱冠乃爲燕趙聞人經史該通詞藻艷

發本道廉察使賢而薦之自鄉賦西遊太學羣公卿士聆其聲而交之所居結轍名動京邑大歷七年進士擢弟稽古之力自致青雲所謂扶乎其萃爲山九仞者也解褐授太原府參軍事居無何丁太夫人憂服闋本道節使奏授幽州大都督府戶曹參軍以能轉兵曹參軍事雍容府寮名擅標舉局無留事庭宇生風節使嘉之俟其碩畫乃奏充節度參謀拜監察御史盧諶本郡未足稱榮賈臣居鄉豈云顯達我相國彭城王方任以參佐密贊庿謀略邁韓彭幕繼袁伏矣以爲諸侯躬問歲惟其常妙選行人以通兩君之好十二年冬十一月公

奉使於蒲春二月旋車自蒲經途遥遥旅次雲鄙以貞元十三年二月三日不幸暴殂於望巖之傳舍享年六十有四嗚呼哀哉自古有死人誰不終公有厚德而壽不永公有全材而位不高則梁棘悲乎州縣馮唐老於郎署可以言命矣以貞元十三年二月十七日殯於蓟東之别墅從權也以其年四月六日遷神於蓟縣燕夏鄉甘棠原禮也不祔舊塋從先志也次弟仲坰季弟僧法源等悲摧鴈序痛折連枝嗣子較旁注存次子方在幼童茹慼過禮予壻前鄉貢明經清河張存義感於情眷深國士慮絶故老永遺志業刊石紀德銘而旌之所謂沒

而不朽者矣銘曰　易水湯湯兮燕山崇崇有斐君子兮穆如清風簪筆拽裾兮佐我上公直哉惟清兮允執厥中奉使于蕭兮自西徂東天胡不仁兮如何道終丹旐戾止兮啓茲元宮青松森列兮永翳我宗悲壯圖兮已矣惟芳名兮不窮

李宗卿

唐故寧遠將軍守金吾衛大將軍隴西李公墓誌銘幷序　從姪鄉貢進士藝通撰　夫爲淳源支流一派後楫先軌者盖紐宗于柏襲焉由是士口時望扃扇和風昔附載簡書何必獨於前聞也公諱宗卿字同系臨汝

郡人曾祖蘭州刺史曰周祖朝散大夫嘉州麟游縣□瑱考朝議郎泗州虹縣尉援本以敦序□祖公訓於孫忠孝□時衣冠及位公遁亮取時安性測椽勵躬祗虔克事溺窮固能并仁緝家兼難濟國擦節倅搢拖義爲紳常以顯□□□隱融清猷與友生評談志非苟進會干道並泰則何官而□□自董武崇階摠兵六郡樹勳江佐恩旌一門□□宗族虔朝襄交在位隟伺内鷹隼乎政名中年達身□人所貴而公植其風忽遺其命也時貞元十三年歲次丁丑□二月二十九日終於夏□官舍嗚呼春秋六十有二夫人汲郡康氏毀躬慟擗殆

不全性長子德方次子直方宏方季子幼方等主奠彌
天哀罹若滅長女適於河南元氏先公之淪次女十六
娘已許於天水趙氏幼女十九娘歸於釋門皆茹泣貫
心□於感巷以是年夏五月十一日權殯于長樂鄉黃
鶴原西山之陽禮也於戲條幹挺空而見摧君子不幸
於中□所以□□□施將必竭於生誠藝通忝殊眷孟
伯之子恭命爲詞□□□□敢不殫於瑑述銘曰　杳
杳邃氣澄澄汪容自仁其性飭己惟邕顧巖作虔□□
□□其一噫云夢莫倏歎頹梁壞輪阻轍彫翮沉翔代□
馳□□□□彰其二瞻輿神輦告赴原塋却負山勝前據

郊平□□哀□□□至情三丸

古誌石華卷十四終

古誌石華卷十五　　　三長物齋叢書

唐十一

劉某妻卞氏

唐故濮陽卞氏墓誌銘　貞元十五年歲次己卯七月癸卯朔一日癸卯夫人春秋卌七寢疾卒於幽州薊縣薊北坊以其年十三日權窆於幽州幽都東北五里禮賢鄉之平原禮也曾祖諱祐祖諱沖考諱進其先濮陽人也代生名賢書於史策夫人聰雅惠哲性倘恬和禮飾詩書組紃織紝無常師而自成年十八以四德百行粧其容三從五教飾其性乃乘其龍而歸於我彭城劉

公琴瑟協韻鴛鸞諧聲軌範宗親肅穆娣姒內則迺成法度貞著□蘋□舉桉之禮節著得非□門之講敷於戲哀哉夫喪婦德宗傾母儀惜哉瑤臺落月玉樹飛花皎皎三春痛冥冥而長夜溶溶一水悲淼淼而不迴於是劉公仰天而哭曰德何有而無壽來何速而去長偕老之情終天永訣一子始孩□不勝□痛生人之心矣厥有二女一適於崔一處於室以備晦朔之禮僕非達人爲無銘焉其詞曰　性稟淳和志惟貞一作配於劉蘭處瑤室介祉不亨忽辭白日女蘿墮松塵埋玉質大房西倚桑乾東流盤抱元氣贊彼元幽

周氏

唐故周夫人墓誌銘　王紳撰　夫人姓周氏其先汝南人也爰自炎漢達於有唐縣歷衣冠其來尚矣曾王父府君珪皇承務郎勑授薊州三河縣令王大父府君歸皇宣德郎試左贊善大夫賞緋魚袋兼上柱國王父君彦皇彭城郡高望府折衝賞緋魚袋兼上柱國皆業崇儒行世繼簪組間次門慶逾長夫人則折衝府君之長女幼年貞柔至性純孝凛乎正氣賢行自天雅量絶儔風見難並適佐君子令淑尤彰雍睦承家母儀增書是以恭儉聞惪和不以鉛粉益容但以禮節資德時貞

元辛巳歲寢疾於蒐亭集賢里之私第伏枕逾月醫無所為以其年五月十三日奄從於化享年四十八嗚呼天命數盡生也有涯哀哉哲人何不為壽瑤琴絕聽寶鏡休窺珍玩蕭室莫之能守親戚弥切痛無偕老之期岐路感傷嗟有懷仁之德以其年冬十一月八日卜兆於鄭城東南二十五里世業平原之禮也雲結長川風悲草樹嗣子操次子撰並殘骸毀容能竭孝道慮恐陵谷將變歲序將遷刊石紀時其銘曰　郡城東南兮渟水湄歲往月來兮無盡期明明寒月兮對孤壠蕭蕭白楊兮悲風吹

誌出任邱縣佚其夫之姓名禮也上衍之字說見前

杜某誌

畢遊江

唐故畢府君墓誌銘并序　公諱遊江平陽王彥之後也廿居太原豪族弟一英材倜儻智謀深邃謙約節儉廉慎有規於家以孝有曾閔之心事君以忠曉從横之略寬而能猛猛而能寬接朋友盡盛德之儀理室家剛柔得中有仁人焉有社稷焉賢妻在室遥鑒於山濤令子理家更崇於幹蠱公冏之宗盟也繼廿在茲王侯之種遊宦不遂蓬轉於茲降志辱身隱於城市苟得甘脆

以奉慈親日居月諸卅餘載公之太夫人以貞元十三年七月六日傾背公禮制不虧大事終竟奉親也生事之以禮死葬之以禮祭之以禮可謂孝道全矣公有子二人長曰忠義次曰元清並有令聞皆公之有典有則也特以積善之人保受其福豈爲降年未永罹此禍殃以貞元十九年六月十四日壽終於恒府敬愛坊之私弟也時年將耳順深可哀哉里巷不歌鄉隣歎息則其年七月一日歸葬於府城西北七里派河鄉之原也傾城出祖縞素盈途送葬者執紼而行赴吊者隨柩而哭白馬前引顧步而悲鳴啼鳥以臨向風而慘惻恐陵谷

屢遷紀兹貞石用昭不朽聊述德音詞曰　樂只君子
邦家之光日来月往身殁名彰松風切切野霧蒼蒼昔
作人中之寶今歸泉下之鄉　大唐貞元十九年七月
一日　道光九年八月九日石出於白雀寺住持超正
方立本寺
恒府即恒州都督府今直隸真定府也畢蓋太原人
流寓於此志中有民人焉避太宗諱改民作仁執紼
誤作拂隨柩別作摳

鄭玉

唐莫州唐興軍都虞候兼押衙試鴻臚卿鄭府君墓誌

銘
　府君諱玉字廷玉本滎陽人也其先因官得地曾
祖亮皇莫州司馬祖備涇州四門府折衝王父泰游擊
將軍守佐武衛大將軍試太常卿咸以文武兼才應當
時之選府君鄉舉孝廉弱冠從事有救世之才軍府推
稱以政狀聞扵本道時表奏授宣義郎試恒王府司馬
權充本州孔目判官吏不敢欺人樂其業時歲儉人飢
多盜世亂思理須得其人遂屈充唐興軍左虞候以屏
盜賊擒奸摘伏撫弱遏強井邑肅然論功授秩累有拜
遷官至鴻臚卿職竟都虞候自□主局向三十年閭里
懷其仁鄉黨服其義犬不夜吠衣鏽畫行水鏡居心不

假厌猪以辨偽臨事明斷有同跪鼠以懲衍衆稱才用
無窮又拜牙門將內外瞻矚文武繩準洎貞元十七年
旌麾撫臨録俟掩之錫重始終之節賞衣一襲錫馬一
匹以其州在關外賴之襟帶委以守禦無遷易也鄉人
攺觀閭里拭目昂昂平固一時之傑也豈期二豎為災
奪人之願以貞元十八年十二月十九日寢疾終於鄭
亭春秋六十有八邑悲巷哭舂不相杵夫人河間邢氏
以貞元二年三月四日先府君捐世享年四十有八銀
青光禄大夫檢校太子詹事殿中侍御史讓之孫平昌
縣令璨之女適配君子義不失於三從奉事舅姑禮乃

全於四德為六親軌範作三族楷模得女適人而宜室
生男至孝以承家皆夫人餘慶之所鍾府君義方之所
教也嗣子惟興等痛乎松檟未樹歲月遄臻先遠有期
不敢違卜奉以貞元十九年歲次癸未十一月戊寅朔
十三日庚寅祔於州城南二十五里顧義鄉三方之原
禮也是日也素車隨紼白馬臨棺雲慘寒天風悲野樹
恐陵谷變遷銘以誌之辭曰　平原四顧兮塚壘壘左
枕故園兮右瀍水嗚呼鄭君兮來宅此白楊蕭蕭兮莫
風起何嗟原夜兮□□□自有明珠兮照千里

是誌亦在任邱與前劉氏誌並載入河間府志待表

奉誤特作時奉事舅姑誤姑作沽何嗟厚夜兮誤厚

作原厚夜猶言奄穸也見左傳杜註

張曾

唐清河張府君墓誌銘　柳宗元撰　貞元二十年六月一日清河張公諱曾寢疾即世於莫亭嘉深里之私第享年七十六自屬纊至於移窆朋從親暱及州里士君子無不慟怛嗚呼仁賢之云亡也哉惟公受姓□黃而分歷代茂盛源流益別公即清河之緒曾祖皇太子諮議郎諱崇祖皇中府折衝諱操父皇太子內直郎諱□公即內直郎嗣也早歲有節克壯□心拳拳禮容執

□無倦逮夫弱冠遵道秉義汪汪然不可得而親不可
得而友挺出常度機畧内藴時薊州刺史御史中丞榮
公□□公才最以從事情以道契三揖而進受静塞軍
營田判官恭儉莅職勲績明著甄録奏聞受游擊將軍
守右領軍衛幽州開福府折衝都尉員外置同正員賜
騎都尉公疎勢賤諂心不苟合□恬淡為頤年之用視
簪組為伐性之具遂辭名晦跡高卧雲物因家於三河
邑背郭而東得林巒之勝致也曁乎年逾不惑以長子
瓊佐鄭亭候嘉聲洋洋多歷年數由是閲賓觀政市東
以来郡邑清暢禮容大備□釋栽顧斯不返駕每□道

人貞士談真空微妙之性探□原迷賾之旨浩瀚方寸洞豁塵境不其致歟嗟呼大道無涯天命有定雖聖明不能越常運而超物外哉公以疾起無妄情不嗜藥禺禺君易悔告莫有星歲幾同大漸長往嗚呼天富其道而闕於壽謂之何哉夫人北平田氏□而得禮有子二人瓊等卜祔先塋龜筮告吉以其年十一月一日窆於任邱東北長邱鄉原禮也二嗣號擗痛深泣血哀告以先遠有期請以誌之宗元承命不怍刻之貞石銘曰

蘭茁其馨金玉其貞猝而折之何神不明茂旌其英德立行成悠悠銘旌洋洋懿聲孝子令孫宅兆郊原龜筮

叶從慶流後昆

誌在任邱長豐寺壁間柳子厚集無此文今據河間府志錄入

許某妻祈氏

唐故許氏夫人祈氏墓誌 幷序

夫人字芳太原人也先伊耆氏之胄封爵列位皆附舊史故隱顯不言因遂祖居毗陵今為毗陵人也祖觀父昇並高尚雲林獨立不懼積慶儲祉是生夫人夫人即昇之長女也年始初笄歸於許氏輔佐君子協和中外其儀可範其德可大貞順模於九族婉娩美於當代嗚呼上天而假其德不

假其永廿之壽是足可悲以貞元廿年七月三日寢疾卒於口孝鄉唐昌里之私第春秋五十有二以貞元廿一年孟春月三日安厝於霞澤里之原禮也夫人生二子長仲宣次仲康哀疚悚心窮號泣血懼山谷之遷變乃勒石而為銘　振振夫人有德有操積為善慶自己所蹈彼蒼何偏而不斯報宅兆卜吉永閟荒阡二子泣血罔極昊天廄日月之遁遷乃刻銘於墓前

夫人爲伊耆氏之後伊耆之耆本作祁周書冬祁寒禮緇衣篇作冬祈寒則祈又與祁通也

張詵妻樊氏

唐故雲麾將軍河南府押衙張府君夫人上黨樊氏墓誌銘 并序　大聖善寺沙門至咸撰　代之所重曰名人之所寶曰位休禎奕葉昭德延祥其唯張氏乎公諱詵隴右天水人也曾祖元植皇朝盧龍府折衝祖宓遠甘州司馬父崇丕潭州長沙縣尉公即長沙之嗣子也㓜而貞敏長而嚴毅歷職清貫皆著能聲綰兵權於湖南摠劇務於河府才當幹蠱京牧爪牙天不慭遺溘先朝露以貞元十年八月廿日終於洛陽永泰里之私第春秋六十九夫人樊氏曹州南華縣丞彥府君之息女蘊德柔明言行端淑習禮笄總而從好仇鳳凰于飛和

嗚霄漢彼蒼不祐所天先逝撫訓孤幼嬬迴纏哀疾
遽嬰□然悦化以貞元廿年四月十日終於家第享年
五十有子三人長曰尉重次曰尉威皆幼而敏惠年未
弱冠相次夭亡季子尉齊泣血叩踊弔影長號惟家之
艱克紹先烈有女五人長女出家寧刹寺大德法號義
性戒律貞明操行高潔弟妹幼稚主家而嚴二女適京
兆杜氏及礼而亡三女適天水趙詡四女適安定梁秘
五女在室而殞令孤子孤女等哀號失容擗摽屠裂先
遠有日龜筮協宜以永貞元年十月廿日合而窆之雙
棺同穴葬於平樂鄉朱陽原礼也栽植松檟以標不朽

爰託斯文旌乎厥美詞曰　於戲宦達兮英武雄名遂身殁兮弓劍空夫人淑慎兮相次終哀哀嗣子兮泣蒼穹良辰宅兆兮安壽宮青山黯黯兮何人在白楊蕭蕭兮多悲風末一行附刻般若波羅蜜多心經眞言四句今不錄

此即張敬詵妻與敬詵合葬誌也前志雙名敬詵此誌單名詵前誌稱馮翊同川人此誌稱隴右天水人蓋張詵字敬詵前誌以字爲名此誌則其名也前誌馮翊爲寄籍郡名此誌天水爲祖居郡名也誌爲沙門所撰因其長女出家爲尼或受戒于至感故以沙門而兼婦人之墓末附心經偈語與後強瓊妻王氏

誌附刻陀羅經皆唐世佞佛其習俗爾也是誌與敷詵誌異同金石萃編論之甚詳萃編云二誌互勘有同者有不同者其同者如夫人樊氏子三人叔重叔威叔齊女五人長女出家寧刹寺則張詵之爲張敬詵固無疑矣其不同者如前曰馮翊同川人此曰隴右天水人前曰左金吾衛大將軍太常卿元長府君之孫此曰祖定遠甘州司馬前曰中散大夫撫州長史崇讓府君次子此曰父宗正潭州長沙縣尉前書官曰朝請大夫鴻臚少卿河南尹押衙此曰雲麾將軍河南府押衙前曰八月廿三日卒此曰八月廿日

前曰春秋六十八此曰六十九前曰窆於瀍澗之陽邙山新塋此曰合葬於平樂鄉朱陽原前曰三女歸王氏此曰三女適天水趙詡其互異如此前誌不書曾祖而書其祖此則書曾祖而曰諱元植曾祖旣以元字命名其祖自不應諱元長此互異之最難揆度者二誌相距才逾十年張氏三子五女各亾其二八事亦屢更矣是時叔齊年幼蓋憑長女記憶之語而成文其牴牾舛錯固亦無足深論也誌中總作揔幹蠱作幹蠱蘊作藴好逑作好俅纏作纒弔作吊號作號又作号寧刹寺作寧刹寺操作橾龜筮作龜莁宦

作宧

萬仁泰

萬君墓誌　君諱仁泰字國寧祖鄰父清清之次子也君不仕性玩琴書情兼義友以元和二年二月疾終春秋五十有四窆於硤石市東一里新塋禮也娶彭城劉氏生子四銘曰　元宮冥冥兮曉不開魂魄蕭蕭兮啼方哀愁雲靄靄兮雨添淚松柏颼颼兮風嗚籟

裴復

唐故河南少尹裴君墓誌銘　公諱復字茂紹河東人曾大父元簡大理正大父曠御史中丞京畿採訪使父

虬以有氣畧敢諫諍為諫議大夫引正大體有寵代宗
朝屢辭官不肯拜卒贈工部尚書公舉賢良拜同官尉
僕射南陽公開府徐州召公主書記三遷至待御史入
朝歷殿中侍御史累遷至形部郎中疾病改河南少尹
興至官若干日卒實元和三季四月二十三日享季五
十夫人博陵崔氏少府監頲之女男三人璟質皆既冠
其季始六歲曰克郎卜葬得公卒之四月壬寅遂以其
月葬東都芒山之陰杜翟村公幼有文季十四上時雨
詩代宗以為能將名入為翰林學士尚書公請免曰願
使卒學丁後母喪上使臨弔叉詔尚書公曰父忠而子

果孝吾加賜以厲天下終喪必且以為翰林其在徐州府能勤而有勞在朝以恭儉守其職居喪必有聞待諸弟友以善教館娶妹畜孤甥能別而有恩歷十一官而無宅于都無田於野無遺資以為葬斯其可銘也已銘曰　裴為顯姓入唐尤盛支分族離各為大家惟公之系德隆位細曰子曰孫厥聲世繼晉陽之色愉愉翼翼無外無無色幼壯若一　何壽之不遐而祿之不多謂必有後其又信然邪

唐書宰相世系表洗馬裴後魏中書博士天壽之後曰元儔尉氏尉子曠御史中丞曠次子虬諫議大夫

虬長子復河南少尹復三子長曰瓌次曰質吏部郎中季曰望郎此誌惟元簡官大理正及季子曰克郎與表異餘皆同復之名又見于御史臺精舍記碑額題名誌中所稱僕射南陽公謂張建封也建封鎮徐州在貞元間復爲所辟誌內侍御史誤侍作待刑部郎中誤刑作形歷殿中侍御史歷十一官二歷字皆誤止從日銘詞首二句姓盛爲一韻三四句離家二字無韻又無外無色色當是內字之譌

王叔雅

唐故江南西道觀察判官監察御史裏行太原王公墓

誌銘幷序　表姪前諸道轉運推官將仕郎試大理評
事許志雍撰　公諱叔雅字元宏太原祁人也其先食
采於祁因邑命氏軒蓋蟬聯奕葉□茂忠貞孝友史不
絶書素風懿範繼華紹烈誠有國之柱石爲令族之領
袖五代祖祐周驃騎大將軍開府儀同三司光祿卿隋
拜司空兼中書令謚曰忠烈忠烈生皇朝比部郎中資
州刺史師威公之高祖也資州生朝請大夫澤王府司
馬清源縣開國男守節公之曾祖也清源生渝州刺史
贈懷州刺史□一公之王父也懷州生金紫光祿大夫
試秘書監兼御史中丞衢州刺史贈揚府大都督諱承

俊公之先考也以中丞之勳烈比部之令望清源之宏
茂懷州之懿德中丞之雄邁世濟其美慶鍾後昆公即
中丞第四子也弱不好弄幼而能文一見不忘有類王
充之斂五行俱下不慚應奉之才爲善孜孜小心翼翼
恭敬以奉上篤愛以臨下接士必盡其材脩己不疵於
物於是鄉里揖其仁朋友伏其義時秘書郎嚴維有盛
列上介表遷左金吾衛兵曹叅軍運府才雄軍門贍重
毋下徐璃之榻獨奪陳琳之筆屬本使節制東川府幙
遂散邀公獨行奏遷廷尉評兼監察御史府公再遷慈
晉俄領江西復隨鎮拜監察御史裏行以南康缺牧假

行剌史事盡閭里之情袪瘵茶之疾人得歸厚吏不敢欺歲月之間□□增□復□臨川□南郡之理仁風所被淸議攸彰無何寢疾經時沉痼以元和四年正月七日告終於洪州南昌縣之官舍春秋五十有五嗚呼哀哉以公之孝可以動神明以公之忠可以衛社稷以公名於代雖以公年幼交契老成若蔡邕才重拔王粲於弱齡李膺望崇歎孔融於稚齒嘉其至性敦重機□深邃每器而厚之時攜幼弟適郢乃賦詩以贈云萬里天連水孤舟弟與兄時屬而和者連郡繼邑染簡飛翰朞月不息繇是聲華藉甚於公卿間郡舉進士纔及京師

動目屈指傾蓋結轍為禮部侍郎劉太真深見知遇再
舉而登甲科浹辰之間名振寰宇俄為山南東道嗣曹
王皐辟為從事丁太夫人憂服闋調補左衛率府兵曹
叅軍環衛望高以優賢也未幾為嶺南連帥韋公丹舉
之德可以反澆漓以公之仁可以厚風俗有一於此即
為全人況其備者乎奈何天不與善奪我重器民不幸
歟時不幸歟夫人河東薛氏故禮部侍郎□之女族謂
淸門家稱令室以柔謙睦中外以端肅奉夫子公以伉
儷之重加於人一等如賓之敬禮若常栐居家有恒情
如顧悌由是時論多之有一男一女男曰高陽女曰奘

婆皆在孩幼哭無常聲公雖臨郡佐幙以清潔自約禄俸所入皆均親愛故不勝其貧轜車既還亦無以葬于時江南西道連帥御史大夫韋公丹以公賓四府始終如一感歎追舊情均支屬賻賵百金加以將校護喪聞者服其高義以其年十月十三日歸窆京兆府咸陽縣之延陵鄉祔先塋禮也志雍親同懿屬義比斷金見記斯文銜哀永歎銘曰

汪汪王公德門之秀儒宗賢士茂族華胄忠為信臣義稱良友器逾瑚璉人推領袖何備其能不豐其壽嗚呼哀哉歲月云邁言歸鎬京綿歷舊遊想像襟情倏已終古閉於佳城蒼莽日落蕭颯風

鶩寒原故里丹旐新塋嗚呼哀哉盛德無窮傳今與昔閟於元壤斲茲貞石陵谷是遷令問不易泣下漣洏氣塡胸臆嗚呼哀哉　猶子鄉貢進士楚卿書

施昭

唐故處士吳興施府君墓誌銘　華□撰　府君諱昭字昭吳興人也曾祖獻大父亢厥考珪皆不徇微祿浪跡自怡善效風規未嘗隕德是以逐勝避地就土築業乃貿遷涇川君之昆季有四君嗣其嫡頃因天寶喪亂遂羽翼分飛花蕚隨風枝葉離散君守道自適而儀範特殊飌缺以和清虛肅愼積財能散義與道合禮不越

路信聞於人□□尚靜物我如一君夫人潁川汪氏婦德貞操蘭桂同心禮適施君有一子一女男字清河狐標慈孝稟性温厚亦可比於高孟也竭力侍省嘗無愠容膝下之報纔申温凊之年不待夫人先君而殁已五稔焉心喪之憂始平昊天之痛旋迫君以元和四年夏五月遘疾□□方術不（缺）荏苒六旬藥石不救於膏肓災祟乃沉於骨髓皇天不祐殲於淑人以其年秋七月十九日終於涇之南第春秋七十有三號天叩地泣血無訴嗚呼光陰不駐世情倏忽朝晞薤露夜壑藏舟平生風流一旦已矣然則士庶有制幽明路殊舉厝從時

塋兆將備龜筮習吉窀穸乃修絳旐引車哀歌卽壙以是年冬十二月一日歲在己丑朔次壬申祔窆□於故夫人之墳東禮也原墅鄉里已載夫人之誌焉雖非合葬有若同穴亦恐年代□□將來無聞乃刻石爲文以昭其墓也銘曰

荒墳褭褭邱陵匪他夫妻並穴瘞此南坡颯颯青松緜緜女蘿日月其逝恐易山阿誌於貞石以讚哀歌

古誌石華卷十五終